gesund essen für Kinder
Rezepte ohne Milch, Ei, Weizen und Soja

Autorinnen: Birgit Schäfer, Christiane Schäfer
Fotografie: Jörn Rynio

Inhalt

**GESUND ESSEN FÜR KINDER –
REZEPTE OHNE MILCH, EI, WEIZEN
UND SOJA**

Nahrungsmittelallergien im Kleinkindalter –
wo liegen die Schwierigkeiten? ... 5

Die Allergene unter der Lupe –
was gilt es zu beachten? ... 6

Nährstoffprofile –
darauf müssen Sie achten ... 11

Lebensmittelempfehlungen für eine milch-,
ei-, weizen- und sojafreie Ernährung ... 14

Ernährung ohne Milch, Ei, Weizen und Soja –
diese Fragen habe ich noch ... 16

Beikostaufbau im ersten Lebensjahr trotz
Allergien ... 18

Kleiner Ernährungsratgeber; Tipps für den
Küchenalltag ... 21

REZEPTE

5.–12. Monat

Mittagsbreie
Frühkarotten-Kartoffel-Brei ... 24
Kürbis-Pastinaken-Brei,
Karotten-Fenchel-Gemüsebrei ... 25
Kohlrabi-Kartoffel-Püree ... 26
Kartoffel-Spinat-Puten-Brei,
Brokkoli-Kartoffel-Lamm-Brei ... 27
Hirsebrei mit Blumenkohl und Rind,
Gemüse-Fisch-Püree ... 28

Abendbreie
Haferflockenbrei mit Banane und Pfirsich,
Teff-Abendbrei ... 30
Zauberbrei für Hänflinge ... 32
Apfel-Mango-Mus, Hirse-Pfirsich-Brei ... 33

Nachmittagsbreie
Reisbrei mit Aprikosen ... 34
Birnen-Hirse-Brei, Birnenmus ... 35
Früchtebrei, Banane mit 4-Korn-Flocken ... 36
Gartenfrüchte in Teff-Flockenbrei,
Obst-Porridge ... 37

Frühstück
Energie-Cornflakes ... 38
Hirse-Birnen-Müsli,
Hafermüsli mit Kürbiskernen ... 39
Erfrischender Nektarinen-Shake,
Kraftmacher-Shake ... 40
Bauchschmeichler, Hirsekreis ... 42

Süße Zwischenmahlzeiten
Bananen-Fruchtsaft-Pudding ... 44
Flammeri im Früchtemeer,
Reisbrei mit Apfel und Birne ... 45
Vanillepudding mit Himbeersauce ... 46

Ab dem 13. Monat – Frühstück

Grundrezept Müslimischung ... 48
Schneller Müsli-Mix für Morgenmuffel,
Muntermacher-Müsli ... 49
Weizenfreies Ciabatta,
Süßes Blitzbrot ... 50

Gelbe Erbsenpaste, Schneller Kichererbsenaufstrich	52
Kürbiskernaufstrich, Rote-Linsen-Paste	53

Ab dem 13. Monat – Fingerfood

Piratenpuffer, Gemüsetaler	54
Thunfischburger, Hirsebratlinge	56
Vitaminmuffel-Burger	58
Quinoa-Bratlinge	60
Kichererbsen-Pfannkuchen, Gemüsewaffeln	62
Bunte Kartoffelpizza	64
Herzhafte Partypizza	66
Mais-Tortillas, Wraps	68
Putenbrustfüllung, Spinatfüllung	70

Ab dem 13. Monat – Salate, Suppen und Saucen

Ketchup-Senf-Dressing, Paprika-Orangen-Dressing	72
Balsamico-Dressing, Italienisches Dressing	73
Party-Eisbergsalat, Feldsalatmix mit Pinienkernen	74
Apfel-Möhren-Salat, Zucchinisalat mit Möhren und Tomaten	76
Lachssalat mit Tomaten und Mais, Thunfisch-Reis-Salat	78
Kohlrabi-Petersilien-Suppe mit Klößchen, Schneesuppe	80
Rote-Linsen-Suppe, Gemüsesuppe mit Würstchen	82
Räubersuppe, Kürbissuppe mit Kokossahne	84
Hexenkessel	86
Tomatensauce, Hackfleischsauce	88
Kokossauce, Brokkolisauce	90
Erbsensauce, Möhrensauce	91
Tomatensalsa, Parmesanersatz	92
Avocado-Pesto, Basilikum-Pistou	93

Ab dem 13. Monat – Hauptgerichte

Nudelauflauf mit Bolognese, Grün gestreifter Nudelauflauf	94
Hackbällchen in Paprikasauce, Putengeschnetzeltes mit grünem Spargel	96
Rotbarsch mit Kokos-Curry-Sauce, Seelachs auf Fenchelgemüse	98
Fischstäbchen	100
Fischgulasch mit Brokkoli	102
Kartoffelsalat, Polentaschnitten mit Gemüse	104
Gemüsespieße mit Erdnuss-Sauce, Asiatische Gemüsepfanne	106
Hirseauflauf mit Erdnüssen, Ofenschmaus	108
Kartoffel-Gemüse-Lasagne	110

Ab dem 13. Monat – Desserts & Kuchen

Stachelbeerkaltschale	112
Versunkene Himbeeren, Hirse-Apfel-Dessert	113
Erdbeer-Crumble, Grießschnitten mit Kirschsauce	114
Mandel-Zitronen-Speise, Schokoladenpudding Helene	116
Obst-Streusel-Auflauf, Bananenmuffins	118
Buchweizenkuchen, Geburtstagskuchen	120
Knusperkugeln	122
Haferflockenkekse, Kekstaler	123

Zum Nachschlagen

Hilfreiche Adressen	124
Rezeptregister	126
Impressum	128

Nahrungsmittelallergien im Säuglings- und Kleinkindalter – wo liegen die Schwierigkeiten?

Schon eine allergische Reaktion auf ein einzelnes Lebensmittel ist in der Ernährung des Säuglings und Kleinkindes eine große Aufgabe. Aber wenn dann außer dem Grundnahrungsmittel Milch auch noch Soja oder sogar das Hühnerei und Weizen vom Arzt verboten werden, muss der Küchenalltag völlig anders geplant werden.

Die Kunst besteht dann vor allem darin, die Kleinen bedarfsgerecht mit allen Nährstoffen zu versorgen. Denn sie sollen wachsen und gedeihen und es soll ihnen an nichts mangeln. Dieser Herausforderung müssen Sie sich als Eltern manchmal schon im Säuglingsalter stellen. Weiter geht es dann Schritt für Schritt mit der Einführung der Beikost bis hin zur vollständigen Familienkost. Wir geben Ihnen auf den folgenden Seiten wertvolle Tipps, wie Sie diesbezüglich kleine und größere Hürden am besten meistern.

Die Allergene unter der Lupe – was gilt es zu beachten?

Allergische Reaktionen im Kindesalter nehmen zu. Meistens zeigt sich nach ausführlicher Diagnose, dass im Säuglings- und Kleinkindalter ein Grundnahrungsmittel der Auslöser ist. Kuhmilch, Hühnereiweiß, Weizen, Soja, Erdnuss und Fisch führen dabei die Hitliste an. Ist Ihr Kind gegen eines oder mehrere dieser Lebensmittel allergisch, muss es/müssen sie aus dem täglichen Ernährungsplan gestrichen werden. Nur die vollständige Allergenkarenz führt dazu, dass die Beschwerden ausbleiben.

(Kuh)Milch

Mangelnde Gewichtszunahme bei einem Säugling kann durch eine allergische Reaktion auf Kuhmilch bedingt sein. Denn Allergien auf das Eiweiß in Milch sind die zweithäufigsten im Säuglings- und Kleinkindalter. Deswegen wird nach diesen Allergenen als erstes gefahndet. Weist der Kinderarzt über Haut-Blut-Testungen sowie eine Provokation, in der unter Aufsicht das verdächtige Lebensmittel gegeben wird, die Allergie zweifelsfrei nach, gilt ein Verbot für Milch und sämtliche Milchprodukte erst einmal nur für die nächsten 12 bis 15 Monate. Danach kontrolliert der Arzt erneut, ob die Allergie noch vorhanden ist. In den meisten Fällen bildet sich mit zunehmendem Alter eine Verträglichkeit, eine sogenannte Toleranz, gegenüber Milch aus. Die Hauptallergene in der Kuhmilch sind Casein, β-Lactoglobulin und α-Lactalbumin. Die beiden letztgenannten Molkenproteine sind nur in der Kuhmilch enthalten, es sind artspezifische Allergene. Casein jedoch kommt mengenmäßig zwar am meisten in der Kuhmilch vor, aber seine Struktur ähnelt sehr dem Casein, das auch die Milch anderer Tiere enthält. Aus diesem Grund reagieren die meisten Kinder (über 80 %), die auf das Kuhmilcheiweiß allergisch sind, auch z. B. auf Schaf-, Ziegen- und Stutenmilch. Sie sind also kein adäquater Ersatz. Da Milch und Milchprodukte zu den Grundnahrungsmitteln gehören und vielfältig auch bei der industriellen Verarbeitung von Lebensmitteln verwendet werden, ist es wichtig ihre verschiedenen Kennzeichnungen zu kennen, damit in der Diät Ihrer Kinder keine Fehler passieren.

> ### ➤ Aufgepasst – hier lauert das Milchallergen!
>
> (entrahmte) Trinkmilch, Joghurt, Quark, Topfen, Käse, Butter, Molke, Buttermilch, Dickmilch, Kefir, (Schlag)sahne, Ziegen- und Schafsmilch, saure Sahne, Schmand, Frischkäse, Crème fraîche, Casein/Kasein, Ghee, Kaffeesahne, Kondensmilch, Kuhmilch, Magermilchpulver, Milcheiweiß, Molkeneiweiß, Rahm, Schichtkäse, Setzmilch, Feinkostsalate, Saucen, Desserts, Pudding, (süße) Brote, Kuchen, Gebäck, Cremetorten, Pizza, Tütensuppen, Mayonnaise, überbackene Gerichte

Die Allergene unter der Lupe

Ohne Milch – wie geht das?

Besonderes Augenmerk gilt dem Milchersatz vor allem im gesamten ersten Lebensjahr. Denn Milch enthält neben bedeutenden Mengen an Calcium, Vitamin D und Jod auch das wichtige Vitamin B2, Fluor und hochwertiges tierisches Eiweiß – lauter Nährstoffe, die für die rasch wachsenden Säuglinge und Kleinkinder elementar wichtig sind. Sogenannte therapeutische Nahrungen (Hydrolysate oder Aminosäuremischungen) dienen als Milchersatz. In ihnen sind die allergieauslösenden Bestandteile minimiert und sie sind mit allen diesen Nährstoffen altersgerecht angereichert. Sie sind in ihrer Eiweißzusammensetzung so nah wie möglich an der Muttermilch bzw. industriell hergestellter Säuglingsmilchnahrung orientiert. Trotzdem sind Spezialnahrungen bezogen auf alle Inhaltsstoffe unterschiedlich zusammengesetzt. Die Entscheidung, welches Produkt für Ihr Kind das richtige ist, hängt von verschiedenen Faktoren (u. a. andere Erkrankungen, Wachstum des Kindes, Alter) ab und sollte deshalb in Zusammenarbeit mit dem Kinderarzt und einer allergologisch geschulten Ernährungsfachkraft erfolgen.

> **Folgende Spezialnahrungen stehen derzeit zur Auswahl:** Extensivhydrolysate (eHF-Nahrungen): Alfaré, Aptamil Pepti, Aptamil Pregomin, Althéra, Novolac Allernova; Aminosäuremischungen: Neocate infant, Neocate active, Neocate junior, Pregomin AS

Im Handel sind auch partiell hydrolysierte Nahrungen (sogenanne HA-Nahrungen) erhältlich. Sie eignen sich nicht für Kinder mit einer Kuhmilcheiweißallergie. In den Extensivhydrolysatnahrungen (s. Kasten oben) sind die allergieauslösenden Kuhmilcheiweißanteile so stark gespalten, dass sie in der Regel vom Körper nicht mehr als Allergen erkannt werden.

Bei einigen Säuglingen kann es notwendig sein, sogenannte Aminosäuremischungen einzusetzen. Sie sind noch weiter verändert und bestehen nur noch aus einzelnen Eiweißbausteinen. Wegen dieser Eiweißveränderung ist der Geschmack der Nahrungen dumpf bis bitter und ganz anders als der von Muttermilch oder Säuglingsmilchnahrungen. Nicht immer trinken Kinder diese Nahrungen sofort. Sie müssen immer wieder angeboten werden, damit sich das Kind an den Geschmack gewöhnen kann. Besonders dann, wenn es vorher eine andere Fertigmilch kennengelernt hat. Säuglinge, die von Anfang an mit einer Spezialnahrung gefüttert werden, akzeptieren diese aber in der Regel problemlos.
Hier noch ein paar Praxistipps für die Verwendung von Spezialnahrungen:
- Der bittere Geschmack kann durch die Zugabe von Obstmus oder das Abkühlen der Nahrung deutlich verbessert werden.
- Die Nahrungen müssen stets nach Herstelleranweisung zubereitet werden.
- Im Küchenalltag lassen sich die Milchersatznahrungen wie herkömmliche Milch verwenden. Fast alle Kuhmilchrezepte können damit leicht umgearbeitet werden.

Eine Milchallergie verwächst sich

Eine allergische Reaktion auf Milch verliert sich in den meisten Fällen bis zum Schulalter wieder. Aus diesem Grund sollten die Laborwerte spätestens 12 bis 15 Monate nach der Erstdiagnose vom Kinderarzt neu erhoben werden, um nicht zu verpassen, wann Ihr Kind wieder Milch verträgt. Denn ohne (medizinischen) Grund darf Milch nicht weggelassen werden. Mit einer Provokation wird die Möglichkeit der Wiederverträglichkeit überprüft. Für die Durchführung stehen Ihnen Ihr Kinderarzt und eine allergologisch tätige Ernährungsfachkraft zur Seite. Kompetente Ansprechpartner finden Sie unter www.ak-dida.de und www.daab.de.

Hühnerei

Die Allergie auf Hühnereiweiß steht unter den Nahrungsmittelallergien im Säuglings- und Kindesalter an erster Stelle. Reaktionen können bereits bei vollgestillten oder flaschenernährten Säuglingen auftreten, also bereits vor dem bewussten Kontakt mit dem Hühnerei. Die Reaktionen fallen zum Teil heftig aus. Die Allergie verliert sich aber in den meisten Fällen bis zum Schuleintrittsalter wieder.

Die Allergene im Hühnerei befinden sich vorwiegend im Eiweiß, aber auch in geringer Anzahl im Eigelb. Bei der Trennung eines Hühnereis können Restallergene im Eigelb verbleiben, sodass auch Säuglinge und Kleinkinder, die nur auf das Eiweiß reagieren, das gesamte Hühnerei meiden müssen. Auch Eier anderer Vögel sind kein Ersatz für Hühnereiallergiker. Dennoch leidet bei sorgfältiger Lebensmittelauswahl die Nährstoffbilanz des betroffenen Kindes nicht.

> ➤ **Achtung: Der Begriff »Eiweiß« ist doppelt besetzt!**
>
> Einerseits wird damit das Eiklar im Hühnerei bezeichnet, andererseits ist damit auch der Nährstoff Eiweiß, das sogenannte Protein, gemeint, das in fast allen Lebensmitteln vorkommt. Nährstoffanalysen auf Verpackungen zeigen Angaben zu *Kalorien, Kohlenhydraten, Fett* und *Eiweiß*. Der Begriff Eiweiß ist hier jedoch kein Hinweis auf die Verwendung von Hühnerei, sondern die Angabe der enthaltenen Proteinmenge. Sichere Auskunft, ob das Produkt Hühnerei enthält, gibt allein die Zutatenliste. Dort muss die Verwendung jeglicher Eiprodukte immer aufgeführt sein.

Hier lauert das Hühnereiallergen

Eier kommen wegen ihrer guten technologischen Eigenschaften, wie z. B. als Emulgator, Bindemittel oder Farb- und Geschmacksstoff, in der Lebensmittelindustrie gerne und oft zum Einsatz. Deswegen ist bei zubereiteten Speisen (z. B. Hackbraten, Kuchen) und Fertiggerichten immer Vorsicht geboten. Folgende Begriffe und Rezepturen weisen auf die Verwendung von Eiern hin:

Sichtbare Bezeichnungen: Hühnerei, Eigelb, Ei, Eiprodukt, Vollei, Eiweiß (Ei), Eipulver, Protein (Ei), Eiprotein, tierisches Eiweiß (Ei), Fremdprotein (Ei), Eiklar, Flüssigei, Flüssigeiklar, Flüssigeigelb, Gefrierei, Gefriereiklar, Gefriereiweiß, Trockenei, Trockeneiklar, Trockeneiweiß, Eiöl, Lezithin (Hühnerei), Lysozym (Hühnerei)

> **Versteckte Hühnereiquellen:** Kartoffelpuffer, Pfannkuchen, Crêpes, Mayonnaise, Speiseeis, Saucen, Torten, Gebäck, Soufflés, Biskuit, legierte Suppen, Baiser, Nudeln, Aufläufe, geriebener Käse, lysozymhaltige Hals-Lutschtabletten, …
>
> Aus Hühnerei hergestelltes Lysozym wird zur Haltbarmachung für Käserinde, fettreduzierten und geriebenen Käse verwendet und kann bei hochgradigen Hühnereiallergikern ein Problem darstellen. Extrem geringe Spuren von Eibestandteilen können in Impfstoffen auf Eizuchtbasis, insbesondere in Grippe- und Gelbfieberimpfstoffen, enthalten sein. Bitte halten Sie diesbezüglich Rücksprache mit dem behandelnden Arzt. Gegebenenfalls wird beim Kinderarzt oder in einer Kinderklinik geimpft.

Ohne Ei – wie geht das?

Die bindende Eigenschaft des Hühnereis beim Kochen lässt sich durch Stärke, Reismehl oder Tapiokamehl ersetzen. Natron, Guarkernmehl, Johannisbrotkernmehl oder Pfeilwurzelstärke können die verschiedenen Backeigenschaften von Ei imitieren. Zum Panieren wenden Sie das feuchte Lebensmittel in eifreiem Teffmehl. Paniermehl können Sie leicht aus getrockneten, ei- und weizenfreien Backwaren selbst herstellen. Mit blütenzarten Haferflocken,

Die Allergene unter der Lupe

kohlensäurehaltigem Mineralwasser oder einer rohen, fein geraspelten Kartoffel lockern Sie Hackfleischteige auf.
Geeignete Hefe-, Strudel- und Mürbeteige können problemlos eifrei zubereitet werden. Zum Backen von Rührteigen, Baiser und Biskuit bieten sich sogenannte Eiersatzpulver an. Diese Pulvermischungen werden aus verschiedenen Stärken, Bindemehlen sowie Backtriebmitteln hergestellt und können »eigenau« in das entsprechende Rezept eingearbeitet werden. Nähere Informationen über die Verarbeitung und Verwendung des Eiersatzes finden Sie in der Innenklappe hinten.

Soja

Eine Allergie auf Soja ist die dritthäufigste Nahrungsmittelallergie im Kindesalter. Zudem werden generell Soja und Sojaprodukte – auch Sojasäuglingsnahrungen – im ersten Lebensjahr für Säuglinge nicht empfohlen. Denn Soja enthält von Natur aus Inhaltsstoffe (Phytoöstrogene), die hormonähnliche Wirkung haben. Die Datenlage zur Wirkung dieser Stoffe auf den kindlichen Organismus ist den kinderärztlichen Fachgesellschaften nicht sicher genug, um einen Verzehr gefahrlos zuzulassen.
Die meisten Allergene der Sojabohne gelten als sehr hitzestabil und die auslösenden Allergene unterscheiden sich bei Säuglingen und Kleinkindern von denen im Erwachsenenalter. Kinder reagieren häufig auch auf stark erhitztes und verarbeitetes Soja, eine strikte Meidung ist bei einer nachgewiesenen Allergie unbedingt notwendig. Soja gehört zur Gruppe der Hülsenfrüchte. Daher sollte vom Kinderarzt immer auch abgeklärt werden, ob gleichzeitig eine Allergie auf Erdnüsse vorliegt. Denn Gruppen- bzw. Kreuzreaktionen können innerhalb der Hülsenfruchtfamilie vorkommen.

Aufgepasst – hier lauert Soja!

Soja ist ähnlich wie das Hühnerei häufig in Lebensmitteln versteckt, in denen man es nicht vermuten würde. Es reichert viele Nahrungsmittel mit seinen wertvollen Proteinen an und ist als Zusatzstoff (z. B. als Back- oder Bindemittel, Stabilisator, Emulgator, Lecithin) in der Lebensmittelindustrie in der Zwischenzeit fast unverzichtbar geworden.

> ➤ **Kennzeichnungen, die auf Soja hinweisen**
>
> Miso, Natto, Tamari, Shoyu, Tofu, Tempeh, Sojamehl (z. B. in Brot und Backwaren), Sojaflocken, Fleischimitat (TVP = Textured vegetable proteine)

Daneben finden sich in den Regalen der Supermärkte eine Vielzahl an Sojadrinks, Milchersatzprodukten und sojaeiweißangereicherten Erfrischungsgetränken. Als Sojaöl oder Margarine auf Sojabasis ist der Verzehr für die meisten Allergiker unproblematisch.

Sojaersatz leicht gemacht

Ein Ersatz von Soja ist aus ernährungsphysiologischen Gründen nicht notwendig. Alle benötigten Nährstoffe bekommt der Körper durch abwechslungsreiche Mahlzeiten auch ohne Sojaprodukte. Der bekannteste »Sojaersatz« ist die Lupine. Wie die Erdnuss gehört auch die Lupine zur Gruppe der Hülsenfrüchte. Darum muss im Einzelfall geklärt werden, ob auch der Verzehr von Lupine eingeschränkt werden muss. Der als Sojalecithin häufig in Lebensmitteln verwendete Zusatzstoff ist z. B. auch durch Sonnenblumenlecithin in einigen Margarinesorten ersetzbar. Aber Vorsicht bei gleichzeitig vorliegender Hühnereiallergie: Sojalecithin kann auch durch Lecithin aus dem Hühnerei ersetzt werden, wobei allergische Reaktionen auf reines Sojalecithin sehr selten sind. Deshalb sollten Sie vorher mit dem Kinderarzt absprechen, ob ein Austausch überhaupt notwendig ist.

Die Allergene unter der Lupe

Weizen

Weizen enthält verschiedene Allergene, die unterschiedliche Reaktionen verursachen. Sie reichen von relativ gut zu therapierenden Hauterscheinungen bis hin zu schwersten lebensbedrohlichen Kreislaufreaktionen. Aber: Die Häufigkeit einer echten Weizenallergie wird im Säuglings- und Kleinkindalter überschätzt. Denn auffällige Blutbefunde für Weizen führen eher selten zu Reaktionen nach dem Genuss des selbigen. Deshalb muss eine Weizenallergie immer zweifelsfrei durch einen allergologisch tätigen Kinderarzt festgestellt werden. Nur eine Nahrungsmittelprovokation liefert hier absolute Klarheit. Eine Weizenallergie verliert sich häufig bis zum Schuleintrittsalter wieder.

> ➤ **Hier lauert das Allergen!**
>
> Bulgur, Couscous, Durum, Dinkel, Emmer, Grünkern, Hartweizen, Kamut, Spelzweizen, Triticale, Brot und Brötchen, süßes Gebäck (z. B. Stuten, Kuchen), Kekse und Kleingebäck, Torten, Suppen, Saucen, Desserts, Pudding, Fruchtzubereitungen, Grützen, Müsli, Nudeln, Grieß, Dunst, Graupen, Kleie, Schrot, Tortenguss, Sahnesteif, Weizenstärke

Allergen ist nicht gleich Allergen

Auf welche weizenverwandten Getreidesorten Ihr Kind tatsächlich verzichten muss, hängt vom Allergen ab, das Ihr Kind nicht verträgt. Kinder, die auf Omega-5-Gliadin reagieren, müssen vorsichtshalber auch Roggen meiden. Hafer hingegen ist unproblematisch. Weizenalbumin-Allergiker dagegen können Roggen, Hafer und Gerste essen.
Häufig wird Grünkern oder Dinkel als Ersatz für Weizen verwendet und im Handel dann als »weizenfrei« ausgelobt. Bei einem Weizenallergiker ist aber der Verzicht auf alle Weizenformen notwendig (s. Kasten oben). Weizenkeimöle dagegen sind nur bei hochgradigen Weizenallergikern ein Problem.

Weizenallergie ist nicht gleich Zöliakie

Die Weizenallergie wird häufig mit einer Glutenunverträglichkeit verwechselt. Das ist aber falsch. Wer von einer Glutenunverträglichkeit betroffen ist, wie beim Krankheitsbild der Zöliakie der Fall, muss sein Leben lang sämtliche glutenhaltige Getreidearten (Roggen, Weizen, Hafer und Gerste) sowie kleinste Spuren davon meiden. Die Lebensmittelauswahl ist nicht identisch zur Auswahl bei Weizenallergikern. Während der Hinweis auf Gluten in einem Lebensmittel nicht zwingend auf einen Weizenanteil hindeutet, sind umgekehrt nicht alle glutenfreien Lebensmittel für Weizenallergiker geeignet, da sie zwar frei von Gluten, nicht aber frei von Weizenallergenen sein müssen.

Gebäck ohne Weizen – funktioniert das überhaupt?

Andere Getreide und Mehle, wie Amaranth, Buchweizen, Guarkernmehl, Hafer, Hirse (Sorghum), Johannisbrotkernmehl, Kastanienmehl, Kartoffelstärke, Maismehl oder -stärke, Quinoa, Reis oder Tapioka, können Weizen ernährungsphysiologisch ersetzen. Da die Datenlage bezüglich der Verträglichkeit von Gerste und Roggen bei Omega-5-Weizenallergikern nicht zweifelsfrei geklärt ist, haben wir vorsichtshalber in diesem Kochbuch auf Gerste und Roggen verzichtet.
Halten Sie diesbezüglich bitte enge Rücksprache mit Ihrem behandelnden Allergologen und der Ernährungsfachkraft. Denn bei einer Kostform, bei der gänzlich auf heimische Getreideprodukte verzichtet werden muss, kann es leicht zu einer Unterversorgung an Ballaststoffen, Folat und Zink kommen. Der Ersatz von Weizen in herkömmlichen Rezepten bedarf vor allem beim Backen wegen der schwierigeren Teigführung der Übung.

Nährstoffprofile – darauf müssen Sie achten

Calcium

Milch und calciumangereicherte Sojaprodukte dienen in der Kinderernährung als verlässliche Calciumquellen. Wenn Ihr Kind wegen einer Allergie gegen Kuhmilch und Soja diese Lebensmittel nicht mehr essen darf, fallen damit die wichtigsten Calciumlieferanten aus. Säuglinge und Kleinkinder haben jedoch einen besonders hohen Bedarf an diesem Mineral, denn Knochen- und Zahnwachstum sowie viele andere Stoffwechselprozesse fordern eine gesicherte Zufuhr. Getreide- und Nussdrinks (z. B. Reis-, Hafer-, Kokos- und Mandeldrink) stellen nur küchentechnisch gesehen einen Ersatz für Kuhmilch dar, in der Nährstoffzusammensetzung unterscheiden sie sich jedoch sehr von ihr. Calciumangereicherte Produkte können deshalb nur zur Deckung des Calciumbedarfs beitragen. Alle anderen Nährstoffe aus der Milch sind darin nicht enthalten. Zudem sind diese Drinks als Calciumlieferanten erst nach dem ersten Lebensjahr geeignet. Da sie süß schmecken, werden sie zwar von Kindern gerne getrunken, können die Kleinen aber an den Geschmack »süß« gewöhnen.

Das Defizit ausgleichen

Durch Getreide- oder Nussdrinks alleine schafft man es kaum, genügend Calcium zuzuführen. Hier kann nur der Einsatz von Spezialnahrungen (Hydrolysaten oder Aminosäuremischungen) das Defizit decken.

> ### ➤ Calciumquellen für Kuhmilchallergiker nach dem ersten Lebensjahr
>
> - Säuglingsnahrungen auf Sojabasis (z. B. von Töpfer, Milupa, Humana) 56–75 mg Ca/100 ml
> - Sojadrink mit Calciumzusatz 120 mg Ca/100 ml
> - Reis- oder Haferdrink mit Calciumzusatz 120 mg Ca/100 ml
> - Fruchtsaftgetränke mit Calciumzusatz 80–120 mg Ca/100 ml
> - Calciumreiche Mineralwässer › 300 mg Ca/l
> - Milchfreie Calcium-Supplemente in Absprache mit dem behandelnden Arzt
> - Andere Calciumquellen: Gemüse, Nussmuse, Ölsaaten, …

Sie müssen als vollwertiger »Milchersatz« im Säuglingsalter verwendet werden. Im Kleinkindalter garantieren sie bei hyperallergischen Kindern zusammen mit einer sorgfältigen Lebensmittelauswahl, z. B. bei Gemüse und Ölsaaten, eine ausreichende Nährstoffversorgung (s. Verzehrsempfehlungen in der Innenklappe vorne). Allerdings ist die Calciumversorgung auch vor allem vom Essverhalten und von der Nahrungsakzeptanz Ihres Kindes abhängig. Ob zusätzlich Calcium-Supplemente in Form von Medikamenten notwendig sind, um den altersabhängigen Bedarf von 600 bis 1200 mg Calcium/Tag zu decken, muss im Einzelfall der betreuende Arzt (oder die Ernährungsfachkraft) entscheiden.

Klar ist: Pflanzliche Lebensmittel können den Calciumbedarf nicht ausschließlich decken, denn die Menge und vor allem die Verfügbarkeit des darin enthaltenen Calciums ist gering. Die menschlichen Knochen und viele andere Funktionen im Körper benötigen Calcium, daher muss bei einem Verzicht auf Kuhmilch und alle Kuhmilchprodukte insbesondere auf die Calciumzufuhr geachtet werden. Zudem sollten Sie die Vitamin-D-Zufuhr Ihres Kindes vom Kinderarzt kontrollieren lassen, da Vitamin D die Calciumaufnahme im Körper unterstützt.

> Calciumreiche Mineralwässer (> 300 mg Ca/l) sind aufgrund des hohen Mineralstoffgehaltes nicht für die Säuglingsernährung im ersten Lebensjahr geeignet.

Eisen

Eisen ist der zentrale Bestandteil der roten Blutkörperchen, die die ausreichende Sauerstoffversorgung der Zellen sichern. Im zweiten Lebenshalbjahr Ihres Kindes erreicht der Eisenbedarf ein Maximum, daher sollte der Mittagsbrei möglichst der eisenreiche Gemüse-Kartoffel-Fleisch-Brei sein. Aus tierischen Lebensmitteln kann Eisen besser resorbiert werden als aus rein pflanzlichen Mittagsmahlzeiten. Dabei sind dunkle Fleischsorten (z. B. Rind mit 6,5 bis 9,5 mg Eisen/100 g) deutlich eisenreicher als helle Fleischsorten (z. B. Pute mit 1 mg Eisen/100 g). Gemüse leistet nur einen unwesentlichen Beitrag zur Eisenversorgung – Tomaten liefern z. B. nur 0,3 mg Eisen/100 g. Vitamin C aus Obstsaft oder Obstpüree kann die Aufnahmefähigkeit des Körpers von Eisen – insbesondere aus nicht-tierischen Quellen – noch zusätzlich unterstützen.

Jod

Jod ist ein lebenswichtiges Spurenelement, weshalb auf eine ausreichende Zufuhr geachtet werden muss. Im Stoffwechsel wirkt Jod unter anderem als Bestandteil der Schilddrüsenhormone. Um die Jodversorgung von Säuglingen und Kleinkindern sicherzustellen, bleibt das Stillen in den ersten vier Lebensmonaten entscheidend, sofern die Mutter genügend Jod aufgenommen hat. Spezialnahrungen für allergische Kinder enthalten bedarfsgerechte Jodmengen. Voraussetzung für eine ausreichende Zufuhr ist jedoch, dass die täglichen Verzehrsmengen erreicht werden, was bei »schlechten Essern« nicht immer der Fall ist. Problematisch ist die Jodzufuhr auch dann, wenn Sie die Beikost ausschließlich selbst zubereiten. Sie sollten daher immer jodangereicherte Beikostprodukte bevorzugen, z. B. jodangereichte weizenfreie Getreidebreie oder Wurstwaren und Mittagsgläschenkost, die mit jodiertem Speisesalz hergestellt sind. Ab dem zweiten Lebensjahr nimmt das Kleinkind mehr und mehr am Familienessen teil, verwenden Sie dann möglichst Jodsalz zum Würzen der Speisen und gewöhnen Sie Kleinkinder schon frühzeitig an regelmäßiges Fischessen.

Folat und Folsäure

Folsäure und Folat gehören in die Gruppe der wasserlöslichen B-Vitamine. Ihr Kind benötigt Folsäure für jede Zellneubildung und Zellteilung. Folat ist sehr licht- und hitzeempfindlich. Vitaminverluste können begrenzt werden, wenn wichtige Folatquellen, wie Gemüse (Spinat, Blumenkohl, Brokkoli) und Hülsenfrüchte (weiße Bohnen, grüne Erbsen), nur kurz und mit wenig Wasser in einem Topf mit Deckel gegart werden. Je frischer die Lebensmittel sind, desto mehr Folat enthalten sie. Vor allem für Gemüsemuffel kann die Verwendung von Jod-Folsäure-Salz einen wichtigen Beitrag zur Folataufnahme leisten.

Nährstoffprofile – darauf müssen Sie achten

Vitamin D

Aufgrund neuerer wissenschaftlicher Erkenntnisse hinsichtlich seiner Aufgaben im menschlichen Körper zählt man das Vitamin D heute zu den Steroidhormonen und nicht mehr zu den fettlöslichen Vitaminen. Es dient der langfristigen Regulierung von Stoffwechselvorgängen im Körper, wie z. B. der Einlagerung von Calcium im Knochen. Wegen ihres raschen Wachstums und des damit verbundenen Knochenaufbaus haben Kinder in den ersten zwölf Lebensmonaten einen erhöhten Vitamin-D-Bedarf. Ein Mangel führt zum Krankheitsbild der Rachitis. Die Deutsche Gesellschaft für Kinder- und Jugendheilkunde (DGKJ) empfiehlt die tägliche Gabe von einer Vitamin-D-Tablette mit einer Dosis von 10 bis 12,5 µg (400 bis 500 IE [Internationale Einheiten]; 1µg = 40 IE, 1 IE = 0,025 µg) ab dem Ende der ersten Lebenswoche bis zum Ende des ersten Lebensjahres. Nur so kann eine ausreichende Vitamin-D-Versorgung auch bei eingeschränkter Eigenbildung, wie z. B. in den Wintermonaten, gewährleistet werden. Diese Empfehlungen gelten sowohl für gestillte, als auch für mit Säuglingsmilch ernährte Kinder. Die Prophylaxe kann im zweiten Lebensjahr – insbesondere bei allergischen Kindern – in den Wintermonaten fortgeführt werden.

Die Verwendung von Erdnussöl in den meisten Vitamin-D-Präparaten ist nach neuesten Erkenntnissen für Allergiker unbedenklich. Ab dem zweiten Lebensjahr wird derzeit für alle Kinder empfohlen, den Vitamin-D-Status vom Kinderarzt kontrollieren zu lassen. So kann er feststellen, ob ein Mangel bei Ihrem Kind vorliegt. Zur Untersuchung der Vitamin-D-Versorgung misst der Arzt den Anteil des 25-Hydroxyvitamin-D im Blut. Als Richtwerte zur Beurteilung der 25-Hydroxyvitamin-D-Konzentration (in Nanomol pro Liter, abgekürzt nmol/l) gelten:

‹ 12,5 nmol/l: schwerer Vitamin-D-Mangel (in der Regel verbunden mit Rachitis)

12,5 bis ‹ 25 nmol/l: moderater Vitamin-D-Mangel (Auswirkung auf den Knochenstoffwechsel wahrscheinlich)

25 bis ‹ 50 nmol/l bzw. 75 nmol/l (abhängig vom Alter): suboptimale Vitamin-D-Versorgung (Auswirkungen auf den Knochenstoffwechsel sind möglich)

Sinnvolle Empfehlung, um zusätzliche Vitamin-D-Quellen aus der täglichen Nahrung zu nutzen, bleibt der Verzehr von Fettfischen, z. B. Hering, Makrele oder Lachs, und Musen bzw. Aufstrichen aus Ölsaaten oder Nüssen, insbesondere nach dem ersten Geburtstag.

Omega-3-Fettsäuren

Omega-3-Fettsäuren fördern die Entwicklung der kognitiven Funktionen und der Sehfähigkeit des Fetus noch während der Schwangerschaft, aber auch im Verlauf der Stillzeit und der weiteren kindlichen Entwicklung. Sowohl das Ungeborene als auch das Kleinkind sind nicht in der Lage, diese lebensnotwendigen Fettsäuren selbst herzustellen. Die Substanzgruppe umfasst drei mehrfach ungesättigte Fettsäuren, von denen der Eicosapentaen- (EPA) und der Docosahexaensäure (DHA) besondere Bedeutung zukommen. Sie werden über die Muttermilch aufgenommen, wenn die Mutter sie während der Stillzeit in ausreichenden Mengen isst. Enthalten sind sie vor allem in fettem Seefisch, wie Lachs oder Matjes. Den kompletten Bedarf über den Konsum von Fisch zu decken, gestaltet sich schwierig, da sowohl das Thema Überfischung als auch das Risiko einer Schadstoffbelastung bei Seefisch zu beachten sind. Bis vor Kurzem wurde vom Fischverzehr in den ersten beiden Lebensjahren abgeraten, was die Bedarfsdeckung an Omega-3-Fettsäuren zusätzlich erschwerte. Diese Sichtweise hat sich komplett gewandelt. Seefisch sollte auf jeden Fall auch schon im ersten Lebensjahr angeboten werden, sofern das Kind auf Fisch nicht allergisch reagiert.

Lebensmittelempfehlungen für eine milch-, ei-, weizen- und sojafreie Ernährung

	Geeignete Lebensmittel	Nicht geeignete Lebensmittel
Säuglingsnahrungen	Alfaré; Althéra; Aptamil Pepti; Aptamil Pregomin; Novolac Pregomin AS; Neocate infant; Neocate active; Neocate junior	herkömmliche Säuglingsnahrung; Säuglingsnahrung auf Ziegenmilchbasis; Humana SL; Soja Instant; Milupa Soja; Lactopriv; HA-Säuglingsnahrung, die nicht stark hydrolysiert und deshalb nicht apothekenpflichtig ist
Getränke	(Mineral-)Wasser; Fruchtsäfte und Fruchtsaftgetränke	Kuhmilch; milchhaltiger Kakao; Kakaogetränkepulver; Ovomaltine; Getreidekaffee; Malzkaffee; Frühstücksdrinks mit Cerealien; Fruchtsaftgetränke mit Molke; Rivella; Sojadrinks; Soja-Reis-Drinks; Sportlerdrinks; proteinangereicherte Getränke; Instantgetränke
Gemüse, Obst und deren Erzeugnisse	alle Sorten: frisch, tiefgekühlt, getrocknet oder Konserve ohne Zusätze von Milch/Ei/Weizen/Soja oder daraus hergestellten Speisen	Obst- und Gemüsefertiggerichte, z. B. Aufläufe oder Pfannengerichte; vegetarische und vegane Gemüsegerichte mit Fleischersatz; gebundene oder legierte Suppen und Saucen
Hülsenfrüchte	Je nach Rücksprache mit Ihrem Kinderarzt sind Gruppen- und Kreuzallergien zu anderen Hülsenfrüchten (u. a. Lupine, Erdnuss) möglich. Im Rahmen einer ernährungstherapeutischen Beratung muss individuell entschieden werden.	Sojabohnen; Sojaprodukte
Kartoffeln und Kartoffelerzeugnisse	alle (selbst hergestellten) Zubereitungen ohne Milch/Ei/Weizen/Soja; Kartoffelzubereitungen ohne Milch/Ei/Weizen/Soja	Kartoffelzubereitungen, wie Kartoffelgratin (Béchamelsauce), -kroketten, -knödel, Bauernfrühstück, Kartoffelsalat, Kartoffelpuffer/Reibekuchen, Rösti, Baked Potatoes, Kartoffelbrei, Kartoffelknabbereien (z. B. Kartoffelchips)
Getreide, Brot, Backwaren, Teigwaren, Nährmittel	Brot, Brötchen und Knäckebrot ohne Milch/Ei/Weizen/Soja (Vorsicht bei bestäubten Waren!); glutenfreie Waren ohne Milch/Ei/Weizen/Soja; Getreidesorten außer Weizen und Dinkel als Flocken, Mehle, Grieß, Schrot und Stärke; weizenfreie Frühstückscerealien	Bulgur; Couscous; Weichweizen; Hartweizen (-grieß); Dinkel; Grünkern; Sago; Triticale; Weizenstärke; Brot; Brötchen; Knäckebrot; Kuchen; Torten; Waffeln; Pfannkuchen; Kekse; Zwieback; Bisquit; Backmischungen; Fertigteige; Salzgebäck; Cracker; Tortilla-

Lebensmittelempfehlungen

	(Hafer) ohne Milch/Ei/Soja; Mais; Maiswaffeln; weizenfreie Cornflakes; Polenta ohne Milch/Ei/Soja; Reis; Reisnudeln; Reiswaffeln ohne Weizen/Dinkel; Hirse, Buchweizen, Quinoa, Amaranth und Teff sowie daraus hergestellte Produkte ohne Milch/Ei/Weizen/Soja	chips; japanisches Reisgebäck; Nudeln (Vorsicht bei Buchweizen-, Hirse-, Sojanudeln); Pizza; herkömmliche Bratlinge; Semmelknödel; Frischkornbrei; Weizenkeimlinge; Müsli; Flocken; Cerealien; Backerbsen; Semmelbrösel; Flädle; Puddingpulver; weizenhaltiges Backpulver; Backoblaten; Hostien
Milch, Milchprodukte	Spezialnahrungen: Extensivhydrolysate und Aminosäuremischungen; Kakao aus reinem Kakaopulver und Wasser oder Extensivhydrolysaten bzw. Aminosäuremischungen	Kuhmilch und alle Milchprodukte; Kondensmilch; Milch- und Käseimitate; Milchersatzprodukte auf Sojabasis; Kakaogetränke; Speiseeis; Sojaeis
Fleisch, Fleischwaren, Geflügel, Wild, Innereien, Wurst	alle unverarbeiteten Sorten: frisch, tiefgekühlt oder geräuchert ohne weitere Zusätze; reines Hackfleisch; selbst hergestellter kalter Braten; Rohschinken; Roastbeef; Putenbrustaufschnitt; Aufschnitt und Würstchen ohne Milch/Ei/Weizen/Soja	paniertes Fleisch; Fleischzubereitungen wie zubereitetes Hackfleisch, Fleischfertiggerichte; Aufschnitt und Würstchen; Fleischsalate; Pasteten; Leberkäse; in (Blätter-)Teig gehüllte Erzeugnisse
Fisch und Fischerzeugnisse	alle unverarbeiteten Sorten: frisch, tiefgekühlt oder geräuchert ohne weitere Zusätze	panierter Fisch; Fischstäbchen; Brathering; Fischsalate, Fischfertiggerichte, Fischpastete, Surimi; in (Blätter-)Teig gehüllte Erzeugnisse
Eier und Ei-Erzeugnisse	Ei-Ersatz (s. Innenklappe hinten)	Eier und daraus hergestellte Eierspeisen, wie Pfannkuchen, Omelett und Crêpes; Mayonnaise
Fette und Öle	alle Öle außer kalt gepresstes Weizenkeim- und Sojaöl; milchfreie Margarine; Schmalz ohne kalt gepresstes Weizenkeim- oder Sojaöl; Plattenfette (z. B. Kokosfett)	Butter; Halbfettbutter; Butterschmalz; Butterfett; Margarine mit Joghurtkulturen, Milcheiweiß oder Molke; Margarine mit kalt gepresstem Weizenkeim- oder Sojaöl/-eiweiß; bei hochgradiger Allergie gegen Weizen: alle kalt gepressten Pflanzenöle
süße Brotaufstriche, Süßungsmittel, Süßigkeiten	Honig, Konfitüre, Aufstriche ohne Milch/Ei/Weizen/Soja; Fruchtgummi, Fruchtbonbons; Kaugummi; Traubenzucker; (Block-)Schokolade; (Schoko-)Reiswaffeln ohne Milch/Ei/Weizen/Soja; Puffreis; Popcorn; Götterspeise; selbst hergestellte/r/s Fruchtkaltschalen, Kompott, Pudding, Grütze ohne Milch/Ei/Weizen/Soja; reines Frucht- und Wassereis, Sorbet ohne Weizen	Pralinen; Schokolade; Schokoküsse; Schokolinsen; Marzipanzubereitungen; Nugat; Schaumzuckerwaren; Baiser; Malzbonbons; Hustenbonbons; Salmiakpastillen; Lakritz mit Weizenbestandteilen; Karamellbonbons; Fruchtgummis mit Joghurt; Weichlakritzwaren; Süßwaren und Schokolade mit Keksbestandteilen; (Fertig-)Puddings, Desserts und Cremespeisen sowie deren Fertigpulver; Sojadesserts; Speiseeis (Eisdiele: Kontamination!); Eistorte; Eiswaffel; Sojaeis; Sorbet
Fertigprodukte, Gewürze, herzhafte Aufstriche, Essig, Backhilfsmittel	selbst hergestelltes Dressing ohne Milch/Ei/Soja; vegane Pasteten und Brotaufstriche ohne Milch/Ei/Weizen/Soja; Ketchup und Senf ohne Milch/Ei/Weizen/Soja; Instant-Brühe ohne Weizen; Essig; Aceto balsamico; weizenfreies (Weinstein)Backpulver; Hefe ohne Weizen; Tortenguss und Sahnesteif ohne Weizen	Fertigsuppen und -saucen; Würzpasten/-saucen; Gewürzmischungen; Instant-Brühe; Pesto; Mayonnaise; Remoulade; Dressing; Meerrettichzubereitungen; Feinkostsalate; vegetarische Brotaufstriche; weizenhaltige Hefe, weizenhaltiges Backpulver; Weizen-/Dinkel-Sauerteig; Sahnesteif

Quelle: verändert nach Werfel, Thomas; Reese, Imke: Diätetik in der Allergologie. Diätvorschläge, Positionspapiere und Leitlinien zu Nahrungsmittelallergien und anderen Unverträglichkeiten. Dustri Verlag 2010, 3. Auflage

Ernährung ohne Milch, Ei, Weizen und Soja –
diese Fragen habe ich noch

Wie reagiere ich, wenn mein Kind doch ein Allergen gegessen hat?

Je nach Allergen und Reaktion wird Ihr Kinderarzt Sie mit Medikamenten ausgerüstet haben. Zögern Sie nicht, diese Medikamente zu geben, diese Medikamente retten häufig Leben. Sollten Sie ein Notfallset aus Adrenalin, Cortison und einem Antihistaminikum verschrieben bekommen haben, so tragen Sie diese Ausrüstung immer bei sich und nehmen Sie an einer sogenannten AGATE Schulung (Anaphylaxie-Schulung) teil.

Calcium bleibt Problem Nummer eins: Wie kommt mein Kind an Calcium?

Diese wichtige Frage muss im täglichen Speiseplan und bei der Lebensmittelauswahl von kuhmilcheiweißallergischen Kindern stets berücksichtigt werden. Calciumreiche Ersatznahrungen müssen hier ebenso Standard werden wie calciumreiche Mineralwässer und Gemüsesorten. Möglichkeiten, dies im Einzelfall zu berücksichtigen finden Sie auf Seite 11.

Mein Kind lehnt die Spezialnahrungen ab. Was kann ich tun?

Spezialnahrungen haben einen gewöhnungsbedürftigen Geschmack. Aber ohne sie geht es auf gar keinen Fall – weder im Säuglings- und häufig auch noch im Kleinkindalter. Ein Trick zur besseren Akzeptanz ist das Erkaltenlassen der Nahrungen, weil sie dann weniger bitter schmecken. Außerdem können Sie Obstsaft oder Obstbrei unter die Spezialnahrung mischen, um den Geschmack zu verbessern.

Soll ich wirklich Spezialnahrungen auch zum Kochen verwenden?

Bei so multiplen allergischen Reaktionen ist die sichere Nährstoffversorgung Ihres Kindes erste Aufgabe. Das geht im ersten Lebensjahr nur mit solchen Ersatzprodukten. Diesen Produkten sind die lebenswichtigen Nährstoffe entsprechend dem altersgemäßen Bedarf künstlich zugesetzt. Sie stellen oftmals auch im Kleinkindalter eine sinnvolle Ergänzung im Speiseplan dar. Das sollten Sie ausnutzen! Denken Sie daran, dass die Spezialnahrungen nicht gekocht werden dürfen damit die Nährstoffe erhalten bleiben.

Fragen & Antworten

So viele Allergien – was bleibt da noch übrig?
Bevor Sie alles umstellen, stellen Sie sicher, dass es sich auch um wirklich eindeutig diagnostizierte Allergien handelt. Zu oft wird aus Unwissenheit oder Vorsicht, aufgrund von fehlenden Befunden oder fehlerhafter Information die Lebensmittelauswahl von Kindern zusammengestrichen. Die Deckung der Nährstoffbilanz von vielfach allergischen Kindern ist schwierig und nur im Team mit Ihnen, dem Kinderarzt und der allergologischen Ernährungsfachkraft zu bewerkstelligen.

Wie lange muss ich meinem Kind die Spezialnahrungen geben?
Diese Frage ist nur nach individueller allergologischer Diagnostik und je nach Speiseplangewohnheiten zu beantworten. Grundsätzlich stellen die Spezialnahrungen einen besonders wichtigen Pfeiler der Nährstoffsicherung Ihres allergischen Kindes dar. Wann sich die Reaktionen »verlieren«, wann Ihr Kind wieder eine Verträglichkeit des Lebensmittels erlangt, muss je nach Allergen in Abständen von 12 bis 15 Monaten in Zusammenarbeit mit Ihrem Kinderarzt und der allergologisch geschulten Ernährungsfachkraft geklärt werden.

Stellen Möhren im ersten Mittagsbrei kein erhöhtes Allergierisiko dar?
Diese Frage wird immer wieder gestellt, da die rohe Möhre bei Birkenpollenallergikern eher im Erwachsenenalter allergieauslösend sein kann. Aber: Möhren werden schon seit Langem vom Forschungsinstitut Kinderernährung als erste Gemüsekomponente für den Beginn der Beikost aufgrund ihres guten Nährstoffprofils, ihrer guten Verträglichkeit und vor allem ihrer guten Akzeptanz empfohlen. Wissenschaftliche Daten, die belegen, dass die Möhre zu einem Anstieg des Allergierisikos führt, liegen nicht vor.

Wenn mein Kind auf Weizen reagiert, kann ich dann Roggen verwenden?
Diese Aussage kann hier nicht beantwortet werden. Es gibt weizenallergische Kinder, die auch auf Roggen verzichten müssen. Daher haben wir in diesem Kochbuch aus Vorsichtsgründen auch keine Roggenrezepte vorgesehen. Sollte Ihr Kinderarzt Roggen freigeben, so können Roggenmehle z. B. für Roggenbrötchen verwendet werden. Bedenken Sie aber, dass reine Roggenteige im ersten Lebensjahr durch die Führung mit Sauerteig auch schwer verdaulich sein können.

Mir fehlt der Käse zum Überbacken – was kann ich als Ersatz nehmen?
Einen gleichwertigen Ersatz gibt es leider nicht. Aber um wenigstens eine Knusperkruste beim Überbacken hinzubekommen, eignen sich zerkleinerte weizenfreie Brotreste, die Sie z. B. zusammen mit etwas Haferdrink krümelig rühren und dann als Streusel vor dem Backen über die Speise streuen. Diese Masse bräunt nicht so wie Käse, kann aber die nicht erlaubte Käsekruste zumindest geschmacklich attraktiv imitieren. Käseersatz zum Überbacken finden Sie im Rezeptteil auf Seite 64, Parmesanersatz auf Seite 92.

Beikostaufbau im ersten Lebensjahr
trotz Allergien

Mit der Beikost werden schrittweise die Milch- durch Breimahlzeiten ersetzt. Um Ihnen die Übersicht zu erleichtern, wann auch bei einem allergischen Kind welche Nahrung eingeführt werden kann, hilft Ihnen die folgende Übersicht. Beachten Sie: Kritische Nährstoffe zwischen dem 7. und 9. Monat sind Calcium, Eisen und Jod (mit Jod angereicherte Fertigprodukte können hier einen besseren Beitrag leisten als selbst zubereitete Mahlzeiten).

➤ Baukasten Einführung der Beikostmahlzeiten

Erster Brei – mittags				Zweiter Brei – abends	Dritter Brei – nachmittags
Gemüse-Kartoffel-Fleisch-Brei				Milchersatz-Getreide-Brei	Getreide-Obst-Brei
	Alternative I	Alternative II			
90–100 g Gemüse 40–60 g Kartoffeln 30–45 ml Obstsaft* 20–30 g Fleisch 8–10 g Rapsöl	90–100 g Gemüse 40–60 g Kartoffeln 30–45 ml Obstsaft* 20–30 g Fisch (fettreich) 8–10g Rapsöl	90–100 g Gemüse 40–60 g Kartoffeln 30–45 ml Obstsaft* 10 g Getreide 8–10 g Rapsöl		200 ml Milchersatz 20 g Getreideflocken 20 ml Obstsaft, -püree*	20 g Getreideflocken 90 ml Wasser 100 g Obst 5 g Rapsöl
Oder: Industriell hergestellte Beikostmahlzeiten					
Baby/Junior-Menü**	Fisch-Menü	Vegetarisches Menü		Milchersatzfertigbrei	Getreide-Obst-Brei
Gläschen	Gläschen, Becher	Gläschen, Becher		Trockenprodukt, Gläschen	Gläschen***

* 20–30 mg Vitamin C pro 100 g
** Gläschen, die weniger als 8 % Fett enthalten, müssen mit 1 TL (4 g) Rapsöl angereichert werden. Kein kaltgepresstes Öl verwenden.
*** Keine reinen Obstgläschen als alleinige Mahlzeit verwenden!

Beikostaufbau

➤ Ernährungsplan für das 1. Lebensjahr

Alter	Mahlzeiten	Name/Zusammensetzung
1. bis Ende des 4. Monats	Stillen nach Bedarf ca. 6–8 Mahlzeiten oder Spezialnahrung	Muttermilch oder Spezialnahrungen (Produkte s. S. 7)
Nach dem 4. Monat	Stillen nach Bedarf oder 3 × Spezialnahrung 1. Beikostmahlzeit	1. Beikostmahlzeit am Mittag: Gemüse-Kartoffel-Fleisch-Brei
Nach dem 5. Monat	Stillen nach Bedarf oder 2 × Spezialnahrung 1. Beikostmahlzeit 2. Beikostmahlzeit	2. Beikostmahlzeit am Abend: Getreideflocken-Spezialnahrungs-Brei oder Sinlac-Brei
Nach dem 6. Monat	Stillen nach Bedarf oder 1 × Spezialnahrung 1. Beikostmahlzeit 2. Beikostmahlzeit 3. Beikostmahlzeit	3. Beikostmahlzeit am Nachmittag: Hydrolysatfreier Getreideflocken-Obst-Brei

Mit Einführung der Beikost nach dem 4. Monat können Sie Ihrem Baby nun auch Wasser oder ungesüßten Tee nach der Breimahlzeit anbieten, um mit der Gewöhnung an Getränke zu beginnen. Sie sollten dies regelmäßig tun. Die Kinder werden bei Flüssigkeitsbedarf automatisch so viel trinken, wie sie brauchen. Aber: Nicht jedes Kind braucht gleich viel Flüssigkeit. Der Bedarf richtet sich vor allem nach der Konsistenz der anderen Mahlzeiten und nach eventuellen Verlusten, beispielsweise durch viel Schwitzen oder Fieber.

Gegen Ende des 1. Lebensjahres wird der Übergang zur Kleinkinderkost angestrebt. Die noch fehlende Frühstücksmahlzeit geht nun langsam in die Familienkost mit verträglichen Brotmahlzeiten über. Die bisherigen vier Hauptmahlzeiten werden auf drei reduziert, dafür werden zwei kleinere Zwischenmahlzeiten eingeschoben. Die Verteilung der einzelnen Mahlzeiten richtet sich nach den üblichen familiären Gewohnheiten.

In sechs Schritten vom Säuglings- bis zum Kleinkindalter

Der erste Schritt – der Mittagsbrei: Beginnen Sie nach dem 4. Monat mit einem reinen Gemüsebrei, am besten geeignet sind industriell hergestellte Gläschen (z. B. Frühkarotten), da die Rückstände der Gemüsesorten besonderer Kontrolle unterliegen. Wichtig: Lesen Sie immer die Zutatenliste, ob unverträgliche Zusatzstoffe enthalten sind.

Wenn Sie selber kochen wollen: Gut verträgliche Gemüsesorten für den Anfang sind Pastinaken, Kürbis (Hokkaido), Möhren, Zucchini (schälen und Kerne entfernen). Danach folgen Blumenkohl, Brokkoli, Kohlrabi und Fenchel. Nitratreiche Gemüse, wie Kohlrabi oder Rote Beete, sollten auf alle Fälle aus biologischem Anbau sein, da dann der Nitratgehalt wesentlich geringer ist. Bei Spinat ist der Nitratgehalt auch bei Bio-Ware hoch. Daher sollte er erst später bzw. eher selten angeboten werden. Generell wird Gemüse aus biologischem

Beikostaufbau

Anbau empfohlen. Es wird unter kontrollierten Bedingungen angebaut und die Belastung mit Rückständen ist geringer.

Der zweite Schritt: Wenn Ihr Kind ca. die Hälfte des Gemüsegläschens (80–100 g) schafft, dann können Sie Kartoffeln dazugeben. Am besten geeignet sind hier ebenfalls in diesem Alter noch die industriell hergestellten Gläschen (z. B. Möhren mit Kartoffeln). **Wichtig:** Lesen Sie die Zutatenliste, ob unverträgliche Zusatzstoffe enthalten sind.

Wenn Sie selber kochen wollen: Rezepte für zunächst noch fleischlose Breie finden Sie auf den Seiten 24 bis 26. Um Zeit zu sparen, können Sie die Breie in größeren Mengen auf Vorrat kochen und portionsweise in Plastikdöschen oder leere Baby-Menü-Gläschen abgefüllt einfrieren. Die Gläschen dabei nicht bis zum Rand füllen, da sie sonst platzen können – einfach 2 cm Luft unter dem Rand lassen. TK-Breie halten sich bei -18° etwa zwei Monate. Heben Sie übrig gebliebene Mahlzeiten nicht länger als einen Tag im Kühlschrank auf. Breireste, die warm gehalten wurden oder eine Weile bei Zimmertemperatur gestanden haben, sollten Sie Ihrem Baby nicht mehr geben. Es besteht sonst die Möglichkeit einer Magen-Darm-Infektion durch Keime. Verzichten Sie darauf, die Speisen Ihres Kindes vor dem 8. Monat zu würzen, ab dann sind kleine Mengen Jodsalz sinnvoll, um den Jodbedarf zu decken. Vermeiden Sie blähende Hülsenfrüchte (z. B. Erbsen, Bohnen, Linsen) und Kohl. Kleine harte Lebensmittel (z. B. Nüsse) sind für Kleinkinder nicht geeignet, da sie beim Verschlucken leicht in die Luftröhre geraten können. Damit der Bedarf Ihres Kindes an Eiweiß, Calcium und Eisen leichter gedeckt wird, können Sie den Mittagsbrei mit Spezialnahrung ergänzen.

Der dritte Schritt: Isst Ihr Kind ca. 100–150 g Brei, kann Fleisch dazugegeben werden. Auch hier eignen sich aus den vorher genannten Gründen die Fertigprodukte. Sie sind in der Regel ab dem 8. Monat mit Jod (als Kaliumjodid/Kaliumjodat) angereichert, das in diesem Alter ein kritischer Nährstoff ist. Selbst püriertes Fleisch kann sehr faserig sein, was manche Säuglinge ablehnen. Wenn Sie aus diesem Grund industriell hergestellte Fleischgläschen verwenden wollen, bedenken Sie, dass es sich nie um reine Fleischgläschen handelt. Meist sind in 100 g Brei nur 40 g Fleisch enthalten, der Rest sind Reis, Wasser und Öl. Überprüfen Sie die Zutatenliste auf unverträgliche Stoffe.

Wenn Sie selber kochen wollen: Die Fleischsorte können Sie bei den Rezepten jeweils nach Belieben austauschen, je nachdem, was Ihrem Kind am besten schmeckt, und welche Sorte es am besten verträgt. Dunkle Fleischsorten enthalten mehr Eisen als helle und sollten eher auf dem Speiseplan stehen, auch wenn das Geflügelfleisch zarter im Bindegewebe ist. Rezepte finden Sie ab Seite 27.

Der vierte Schritt – der Abendbrei: Meist kündigt sich der nächste Wachstumsschub durch nächtlichen Hunger an: Zeit also, dem Körper mit der Nahrung eine Extraportion Calcium und Vitamin D anzubieten. Muttermilch allein schafft diesen Mehrbedarf nicht mehr und Milch steht bei den allergischen Kindern nicht zur Verfügung. Daher folgt Anfang des 6. Monats die Einführung des Spezialnahrungs-Getreide-Breis. Mit weizenfreien Getreidebreien, die mit Extensivhydrolysaten oder Aminosäuremischungen zubereitet werden, gelingt es, den deutlichen Nährstoffmehrbedarf der Kinder in dieser Phase zu decken. Rezepte für selbst gemachte Breie finden Sie ab Seite 30.

Der fünfte Schritt – der Nachmittagsbrei: Mit sieben Monaten ist der Getreide-Obst-Brei ohne Spezialnahrung dran. Dies ist die erste Mahlzeit, die der kindliche Organismus nun auch gut verdauen kann, in der rohes Obst angeboten wird. Rezepte finden Sie ab Seite 34.

Tipps für den Küchenalltag

Bei Fertigprodukten auf die Zutatenliste achten. Wenn Sie Gläschen verwenden, bevorzugen Sie jodangereicherte Obst-Getreide-Breie.

Der sechste Schritt – das Frühstück: Am Ende des 1. Lebensjahrs wird das Baby langsam zum Kleinkind! Nun können Sie das Essen dem Familientisch anpassen. Auch das Frühstück wird jetzt als vollständige Mahlzeit angeboten. Es kann aus Müsli mit Spezialnahrung bestehen oder aus Brot mit Aufstrich und Spezialnahrung als Milchersatz zum Trinken. Rezeptideen finden Sie ab Seite 38.

Kleiner Ernährungsratgeber

Kinder besitzen eine natürliche Regulation des Hungers und der Sättigung. Wird dies von den Eltern so auch respektiert, kann diese Fähigkeit erhalten bleiben. Üben Sie keinen Druck auf Ihr Kind aus, wenn es ums Essen geht, und zeigen Sie keine Enttäuschung, wenn eine selbst zubereitete Mahlzeit nicht so gut ankommt. Reagieren Sie gelassen, wenn der erste Satz am Esstisch lautet: »Das mag ich aber nicht!« Für Kinder ist es spannend auszuprobieren, welche Reaktionen von den Erwachsenen auf bestimmte Verhaltensweisen erfolgen. Reagieren Sie, indem sie darauf nicht reagieren. Dann wird dieses Verhalten für Ihr Kind uninteressant. Als Grundsatz am Familientisch gilt: Sie bestimmen, was auf den Tisch kommt. Ihr Kind entscheidet, ob und wie viel es davon essen möchte.

Sie als Eltern haben große Vorbildfunktion. Essgewohnheiten werden im Kleinkindalter übernommen und geprägt. Sie sind etwa bis zum zehnten Lebensjahr gefestigt. Nach dieser Zeit wird das Ernährungsverhalten durch das Umfeld zwar beeinflusst und modifiziert, falsche Gewohnheiten lassen sich aber nur noch schwer ablegen. Kinder, die von klein auf gelernt haben, gesund zu genießen, werden diese Gewohnheiten spätestens als Erwachsene wieder aufleben lassen. Kochen und essen Sie deshalb so oft es geht als ganze Familie. Denn dies bedeutet weit mehr, als nur, den Hunger zu stillen. Kinder lernen so, Selbstgekochtes zu schätzen und von Fertigprodukten am Geschmack zu unterscheiden. Wenn Geselligkeit, Freude am Kochen und Genuss mit allen Sinnen an erster Stelle stehen, finden gesunde Lebensmittel ihren Weg in die Münder fast von alleine.

Tipps für den Küchenalltag

Die Allergie Ihres Kindes macht ein paar Spielregeln in der täglichen Kost notwendig. Vor allem die noch eher unregelmäßigen Verzehrsmengen und die Lebensmittelauswahl, aber auch Krankheiten, Esslust oder Essunlust torpedieren immer wieder die ausgewogene Nährstoffbilanz. Die folgenden Rezepte sollen Sie bei der Ernährung Ihres Kindes unterstützen. Dazu wollen wir Ihnen noch ein paar wichtige Hinweise mit auf den Weg geben:

▶ Vermeiden Sie sorgfältig die Verunreinigung von Spezialnahrungen, Hydrolysaten oder vom Geschirr Ihres Kindes durch Spuren von nicht-verträglichen Lebensmitteln.
▶ Kochen Sie nur mit Zutaten, die von Ihrem Kind vertragen werden.
▶ Achten Sie bitte immer auf die Zutatenliste auf dem Lebensmittel-Etikett oder fragen Sie Bäcker, Metzger & Co., welche Zutaten in seinen Produkten enthalten sind.
▶ Bereiten Sie Spezialnahrungen und Hydrolysate immer nach Herstelleranweisung zu.
▶ In den meisten Rezepten werden Spezialnahrungen erst kurz vor dem Servieren dazugegeben, um eine übermäßige Erhitzung zu vermeiden. Darunter würden Geschmack und Vitamingehalt des Gerichts leiden.
▶ Süßspeisen kann auch Sinlac-Breipulver zugesetzt werden. Damit die Mahlzeit nicht so süß ist, dann eventuell weniger Zucker als im Rezept angegeben verwenden.
▶ Mit Spezialnahrungen zubereitete Gerichte können auch tiefgefroren werden.

Rezepte ohne Milch, Ei, Weizen und Soja – aber dafür mit viel Geschmack

Familienküche heißt: Es muss schnell etwas auf den Tisch, das am besten allen schmeckt und obendrein noch gesund ist. All das zu erfüllen ist schon nicht einfach. Leidet ein Kind dann noch an einer Nahrungsmittelunverträglichkeit, sehnen sich Eltern nach einem Wegweiser im Dschungel der Verbote.

Mit den folgenden Rezepten lotsen wir Sie durch den Küchenalltag und zeigen Ihnen, wie Sie Ihr Kind vom Säuglings- bis ins Kleinkindalter ernähren können. Alle Gerichte sind milch-, ei-, weizen- und sojaallergenfrei, versorgen Ihr Kind aber mit allen für das Kindesalter kritischen Nährstoffen. Natürlich soll der Geschmack nicht zu kurz kommen. Deshalb dürfen Kinderlieblinge, wie Burger, Partypizza, Fischstäbchen und Schokopudding, nicht fehlen. Beachten Sie: Die Rezepte ab dem 13. Monat sind meist für 4 Kinderportionen angegeben. Wenn Sie die Gerichte der ganzen Familie servieren, reicht diese Menge für 1 Erwachsenen und 2 Kinder. Oder Sie frieren einzelne Portionen ein und müssen nicht jedes Mal extra kochen.

Frühkarotten-Kartoffel-Brei

FÜR 1 PORTION AB 5. MONAT
1 Glas Frühkarotten-Kartoffel-Brei (190 g)
8 g Spezialnahrungspulver
20–30 g Birnenbrei (aus dem Glas) oder Birnensaft
1 EL Rapsöl

Zubereitung: ca. 5 Min.

1. Den Karotten-Kartoffel-Brei in ein mikrowellengeeignetes Schälchen füllen, das Spezialnahrungspulver und den Birnenbrei oder -saft zufügen.

2. Zum Schluss das Öl untermischen und den Brei in der Mikrowelle oder in einem heißen Wasserbad erwärmen.

TIPP

In der Mikrowelle reicht eine Aufwärmzeit von 1 Min. bei 600 Watt. Die Speisen werden darin aber nicht gleichmäßig erhitzt: Es können sehr heiße neben relativ kühlen Stellen entstehen. Darum den Brei vor dem Essen immer gut umrühren und selbst die Wärme an der Lippe kontrollieren, bevor Sie ihn Ihrem Baby füttern.

Nährwerte pro Portion:
215 kcal • 3 g Eiweiß • 14 g Fett • 18 g Kohlenhydrate

5.–12. Monat – Mittagsbreie

Kürbis-Pastinaken-Brei

FÜR 4 PORTIONEN AB 5. MONAT
240 g mehligkochende Kartoffeln
40 g Spezialnahrungspulver
2 EL Rapsöl
je 1 Glas Kürbis- und Pastinakenbrei (à 190 g)
1 Glas Birnenbrei (120 g)
ca. 30 ml Vitamin-C-reicher Obstsaft nach Bedarf (z. B. Apfelsaft)

Zubereitung: ca. 40 Min.

1. Die Kartoffeln waschen, schälen, in grobe Stücke schneiden und in einem Kochtopf mit 90 ml Wasser zugedeckt in ca. 20 Min. weich kochen. Anschließend samt dem Kochwasser mit den Quirlen des Handrührgeräts zu einem Brei verrühren.

2. Das Spezialnahrungspulver nach Herstelleranweisung, jedoch mit 50 ml Wasser zubereiten. Die fertige Spezialnahrung unter den Kartoffelbrei mischen, mit dem Rapsöl und den Gemüsegläschen verrühren. Kurz vor dem Servieren das Birnenmus zugeben. Sollte die Mahlzeit dann noch zu fest sein, etwas Obstsaft zugeben.

TIPPS
Sie können alle Baby-Gemüsegläschen in dieser Art zubereiten. Bevorzugen Sie zunächst Monoprodukte, d. h. Gläschenkost mit nur einer Gemüsesorte.

INFO
Lassen Sie sich von den Angaben zu den Portionsgrößen nicht verunsichern. Je nach Alter und Appetit der Kinder ergeben die Breie auch mal mehr oder weniger Portionen.

Nährwerte pro Portion:
185 kcal • 3 g Eiweiß • 8 g Fett • 24 g Kohlenhydrate

Karotten-Fenchel-Gemüsebrei

FÜR 2 PORTIONEN AB 5. MONAT
100 g mehligkochende Kartoffeln
20 g Spezialnahrungspulver
2 TL Rapsöl
1 Glas Karotten-Fenchel-Brei (190 g; z. B. von Alnatura)
20 g Instant-Hirse- oder -Haferflocken
60 ml Orangensaft

Zubereitung: ca. 40 Min.

1. Kartoffeln waschen, schälen, grob würfeln und in einem Topf mit 90 ml Wasser in ca. 20 Min. zugedeckt weich kochen. Dann mit den Quirlen des Handrührgeräts samt Kochwasser zu einem Brei verrühren.

2. Spezialnahrung nach Herstelleranweisung mit 50 ml Wasser zubereiten, unter den Kartoffelbrei mischen. Diesen mit Öl und Gemüsebrei verrühren.

3. Die Instant-Flocken und den Orangensaft unterrühren. Sollte der Brei noch zu fest sein, etwas mehr Saft zugeben. Den Brei eventuell noch einmal in der Mikrowelle oder in einem heißen Wasserbad leicht erwärmen.

TIPP
Verwenden Sie in diesem Alter ungesüßte Instant-Flocken. Sie sind für Ihr Baby besser verdaulich. Flocken, die für die Säuglingsernährung geeignet sind, müssen zudem einen Vitamin-B1-Zusatz haben.

Nährwerte pro Portion:
200 kcal • 4 g Eiweiß • 9 g Fett • 23 g Kohlenhydrate

Kohlrabi-Kartoffel-Püree

FÜR 2 PORTIONEN AB 5. MONAT

200 g mehligkochende Kartoffeln
250 g Kohlrabi
1/4 Bund Petersilie
1 EL Rapsöl
Jodsalz
20 g Spezialnahrungspulver
20–40 ml Apfelsaft

Zubereitung: ca. 40 Min.

1. Die Kartoffeln waschen, schälen und achteln. Kohlrabi schälen, putzen und in grobe Würfel schneiden. Kartoffel- und Kohlrabistücke in einem Topf mit 90 ml Wasser zum Kochen bringen, bei schwacher Hitze zugedeckt ca. 15 Min. garen.

2. Die Petersilie waschen, trocken schütteln, die Blättchen abzupfen und diese mit dem Öl zum Gemüse geben. Alles samt Kochwasser mit dem Stabmixer zerkleinern und gegebenenfalls zaghaft salzen.

3. Spezialnahrung nach Herstelleranweisung mit 50 ml Wasser zubereiten und unter die Gemüsemasse rühren. Zum Schluss den Saft dazugeben.

VARIANTE

Anstelle von Kartoffeln können grundsätzlich auch 25 g Reis oder weizen- und eifreie Nudeln verwendet werden.

Nährwerte pro Portion:
180 kcal • 5 g Eiweiß • 8 g Fett • 20 g Kohlenhydrate

5.–12. Monat – Mittagsbreie

Kartoffel-Spinat-Puten-Brei

FÜR 1 PORTION AB 5. MONAT

40–60 g mehligkochende Kartoffeln
30 g Putenschnitzel
90–100 g aufgetauter TK-Spinat ohne Zusätze
1 TL Rapsöl
10 g Spezialnahrungspulver
20–40 ml Apfelsaft

Zubereitung: ca. 30 Min.

1. Die Kartoffeln waschen, schälen, klein schneiden und abwiegen. Die Kartoffelstücke in einem Topf mit 90 ml zum Kochen bringen. Wenn Dampf zwischen Topf und Deckel erscheint, die Herdplatte auf kleinste Stufe stellen und die Kartoffeln zugedeckt in ca. 15 Min. garen.

2. Das Putenfleisch kalt abspülen, trocken tupfen und in kleine Würfel schneiden. Diese zu den Kartoffeln geben und beides weitere 5–8 Min. garen.

3. Nach dieser Zeit den Spinat zugeben und alles zusammen in ca. 8 Min. fertig garen.

4. Anschließend die Kartoffel-Puten-Spinat-Masse in einen Mixbecher geben. Das Rapsöl und das Spezialnahrungspulver zugeben. Den Apfelsaft angießen und alles mit dem Stabmixer pürieren.

> **TIPP**
>
> Älteren Säuglingen können Sie Fleisch und Kartoffeln in kleinen Stücken anbieten. So gewöhnen sie sich allmählich bei gleichem Geschmack an stückige Kost.

Nährwerte pro Portion:

180 kcal • 12 g Eiweiß • 8 g Fett • 15 g Kohlenhydrate

Brokkoli-Kartoffel-Lamm-Brei

FÜR 2 PORTIONEN AB 5. MONAT

1 mittelgroße mehligkochende Kartoffel
200 g Brokkoli
30 g Lammfleisch
2 TL Rapsöl
10 g Spezialnahrungspulver
20–40 g Apfelsaft

Zubereitung: ca. 25 Min.

1. Die Kartoffel waschen, schälen, klein schneiden und 40–60 g abwiegen. Brokkoli waschen und putzen, die Brokkoliröschen abteilen und 90–100 g davon abwiegen.

2. Lammfleisch klein schneiden und mit 1 TL Öl in einem Topf andünsten. Anschließend die Kartoffelstückchen und 90 ml Wasser dazugeben und alles zugedeckt bei schwacher Hitze ca. 5 Min. garen. Den Brokkoli zugeben und alles zusammen in weiteren 10 Min. gar kochen.

3. Gemüse, Fleisch und restliches Rapsöl in einen Mixbecher geben und mit dem Stabmixer pürieren. Nun das Spezialnahrungspulver und den Apfelsaft in einem Schüttelbecher vermischen und langsam unter die pürierte Masse geben.

> **INFO**
>
> Dunkle Fleischsorten liefern mehr Eisen als helle.

Nährwerte pro Portion:

150 kcal • 7 g Eiweiß • 9 g Fett • 12 g Kohlenhydrate

5.–12. Monat – Mittagsbreie

Hirsebrei mit Blumenkohl und Rind

FÜR 1 PORTION AB 5. MONAT
90–100 g Blumenkohlröschen (geputzt gewogen)
30 g Tatar
10 g Hirseflocken
1 EL Rapsöl
20–40 ml Vitamin-C-reicher Obstsaft (z. B. Apfelsaft)
10 g Spezialnahrungspulver

Zubereitung: ca. 15 Min.

1. Blumenkohl waschen, in einem Topf mit 90 ml Wasser aufkochen und ca. 8 Min. dünsten.

2. Tatar in der Mikrowelle 4 Min. bei 600 Watt oder in einem Topf mit 2 EL Wasser mindestens 6–8 Min. garen, bis das Fleisch eine hellbraune Farbe angenommen hat.

3. 100 ml Wasser in einem Topf aufkochen und von der Herdplatte nehmen. Die Hirseflocken mit einem Schneebesen einrühren und etwas abkühlen lassen.

4. Dann den Hirsebrei mit dem Blumenkohl, dem Tatar und dem Rapsöl in einen Mixbecher geben und pürieren.

5. Den Saft mit dem Spezialnahrungspulver in einem Schüttelbecher vermischen und zum Schluss unter den Brei rühren.

> **INFO**
>
> Nach dem 7. Monat können Sie beginnen, Fleisch, Gemüse und Kartoffeln vor dem Kochen in kleine Stückchen zu schneiden. Das fertige Gericht dann nicht mehr pürieren.

Nährwerte pro Portion:
245 kcal • 11 g Eiweiß • 15 g Fett • 18 g Kohlenhydrate

Gemüse-Fisch-Püree

FÜR 2 PORTIONEN AB 6. MONAT
200 g mehligkochende Kartoffeln
250 g Möhren
40 g aufgetautes TK-Lachsfilet
1 EL Rapsöl
Jodsalz
20 g Spezialnahrungspulver
20–40 ml Apfelsaft

Zubereitung: ca. 30 Min.

1. Die Kartoffeln waschen, schälen und vierteln. Möhren schälen, putzen und in grobe Würfel schneiden.

2. Kartoffel- und Möhrenstücke in einem Topf mit 90 ml Wasser zum Kochen bringen. Wenn das Gemüse kocht, den Lachs hinzugeben und alles zugedeckt bei schwacher Hitze ca. 15 Min. garen. Das Rapsöl dazugeben, die Gemüse-Fisch-Mischung mit dem Stabmixer oder mit den Quirlen des Handrührgeräts zermusen und gegebenenfalls zaghaft salzen.

3. Spezialnahrungspulver nach Herstelleranweisung mit 50 ml Wasser zubereiten und unter das Püree mischen. Zum Schluss den Apfelsaft unterrühren.

> **TIPP**
>
> Es ist gut, wenn Ihr Baby schon im ersten Jahr möglichst verschiedene Lebensmittel kennenlernt. Ab Beginn des 5. Lebensmonats darf deswegen Schritt für Schritt Fisch in den Speiseplan eingebaut werden (s. S. 13).

Nährwerte pro Portion:
220 kcal • 8 g Eiweiß • 11 g Fett • 24 g Kohlenhydrate

5.–12. Monat – Abendbreie

Haferflockenbrei mit Banane und Pfirsich

FÜR 1 PORTION AB 6. MONAT
1 TL Rapsöl
30 g Sinlac-Breipulver
20 g Instant-Haferflocken
20 g Bananen-Pfirsich-Brei (aus dem Glas; z. B. von Holle)

Zubereitung: ca. 10 Min.

1. 200 ml Wasser in einem Topf zum Kochen bringen und auf ca. 50° abkühlen lassen.

2. Das Rapsöl zugeben und das Sinlac-Breipulver mit einer Gabel klumpenfrei unterrühren. Anschließend die Instant-Flocken zugeben, kräftig unterrühren und den Brei gegebenenfalls erwärmen. Zum Schluss den Obstbrei unterheben.

TIPP

Durch den Zusatz von Getreideflocken schmeckt der Brei nicht so süß, wie wenn Sie ihn nur mit Sinlac-Brei zubereiten. So wird Ihr Baby nicht so stark auf den Geschmack »süß« geprägt, Sie mindern das Kariesrisiko und versorgen Ihr Kind gleichzeitig zusätzlich mit einer guten Portion Calcium und Eisen.

Nährwerte pro Portion:
360 kcal • 7 g Eiweiß • 9 g Fett • 35 g Kohlenhydrate

Teff-Abendbrei

FÜR 1–2 PORTIONEN AB 6. MONAT
25 g Teffmehl
Spezialnahrungspulver für 200 ml
40 ml Apfelsaft

Zubereitung: ca. 10 Min.
Quellzeit: ca. 25 Min.

1. In einem Topf 220 ml Wasser zum Kochen bringen. Unter ständigem Rühren das Teffmehl hineinschütten und dieses anschließend zugedeckt bei schwacher Hitze ca. 25 Min. quellen lassen. Den Brei dabei ab und zu umrühren.

2. Dann das Spezialnahrungspulver unter den Brei rühren und diesen abkühlen lassen. Den Apfelsaft kurz vor dem Verzehr dazugeben.

TIPP

Dieser Brei ist mehr als ein Ersatz für den herkömmlichen Grießbrei aus Weizen. Denn geschmacklich und vor allem an Nährstoffen hat er mehr zu bieten!

Bei 2 Portionen Nährwerte pro Portion:
110 kcal • 3 g Eiweiß • 4 g Fett • 17 g Kohlenhydrate

Zauberbrei für Hänflinge

FÜR 1 PORTION AB 6. MONAT

Spezialnahrungspulver für 200 ml
20 g Instant-Haferflocken
5–10 g Rapsöl (wenn Sie den Brei kalorienreicher machen möchten)
20 g Pfirsichbrei (aus dem Glas)

Zubereitung: ca. 10 Min.

1. Spezialnahrung nach Herstelleranweisung zubereiten, die Instant-Flocken einrühren und das Öl zugeben.
2. Den Brei abkühlen lassen und anschließend das Pfirsichpüree unterrühren.

VARIANTE

Statt Pfirsichbrei können Sie auch Breie aus anderen Obstsorten verwenden. Je milder und säureärmer, desto besser (z. B. Aprikose, Birne oder Melone).

TIPP

Der Brei wird durch die Zugabe von Getreideflocken nährstoffreicher. Neben Instant-Haferflocken eignen sich dafür auch andere Getreidebreigrundlagen, sofern sie milch- und weizenfrei sind. Im Handel gibt es jod- und eisenangereicherte Getreideflocken als spezielle Kinderprodukte. Sie tragen zu einer besseren Nährstoffversorgung bei.

Nährwerte pro Portion:

280 kcal • 6 g Eiweiß • 16 g Fett • 29 g Kohlenhydrate

5.–12. Monat – Abendbreie

Apfel-Mango-Mus

FÜR 1 PORTION AB 6. MONAT
Spezialnahrungspulver für 200 ml
20 g Instant-Reisflocken
20 g Apfel-Mango-Brei (aus dem Glas; z. B. von Alnatura)
Zubereitung: ca. 10 Min.

1. Die Spezialnahrung nach Herstelleranweisung zubereiten. Die Reisflocken unterrühren, bis keine Klümpchen mehr zu sehen sind. Dann den Obstbrei gut mit dem Brei verrühren.

> **TIPP**
>
> Sie können statt Reis- auch andere Instant-Flocken benutzen, wie z. B. Hirse- oder Haferflocken.

> **INFO**
>
> Mangos beruhigen den Darm, weil sie gut verdaulich und säurearm sind.

Nährwerte pro Portion:
210 kcal • **5 g** Eiweiß • **7 g** Fett • **32 g** Kohlenhydrate

Hirse-Pfirsich-Brei

FÜR 1 PORTION AB 6. MONAT
Spezialnahrungspulver für 100 ml
15 g Sinlac-Breipulver
20 g Instant-Hirseflocken
20 g Pfirsichbrei (aus dem Glas)
Zubereitung: ca. 10 Min.

1. Die Spezialnahrung nach Herstelleranweisung zubereiten. Das Breipulver in 100 ml Wasser mit einer Gabel klumpenfrei anrühren, die Hirseflocken zugeben und den Brei gut unter die Spezialnahrung mischen. Zum Schluss den Obstbrei einrühren.

> **TIPP**
>
> Das süße Sinlac-Breipulver nimmt dem Brei den bitteren Geschmack. Dieser Brei ist ebenfalls geeignet, wenn auf dem Speiseplan Ihres Babys mehr Calcium und Eisen stehen sollen. Sie können dieses Rezept auch unter andere Breinahrungen mit Spezialnahrung mischen, um deren Akzeptanz zu verbessern.

Nährwerte pro Portion:
205 kcal • **6 g** Eiweiß • **5 g** Fett • **33 g** Kohlenhydrate

Reisbrei mit Aprikosen

FÜR 1 PORTION AB 7. MONAT

100 g Aprikosen
20 g Instant-Reisflocken
1 TL milchfreie Margarine

Zubereitung: ca. 5 Min.
Quellzeit: ca. 20 Min.

1. Aprikosen waschen, halbieren, die Kerne entfernen und die Früchte mit Schale in sehr kleine Würfel schneiden. In einem Topf 90 ml Wasser und die Aprikosenstückchen aufkochen.

2. Dann die Reisflocken und die Margarine hinzufügen und alles zu einem Brei verrühren. Diesen ca. 20 Min. zugedeckt auf der ausgeschalteten Herdplatte quellen lassen.

INFO

Reisflocken sind nicht nur besonders allergenarm, sondern auch geschmacksneutral und leicht verdaulich. Sie können auch zum Binden von Saucen, Suppen und Eintöpfen benutzt werden.

Nährwerte pro Portion:

130 kcal • 2 g Eiweiß • 4 g Fett • 21 g Kohlenhydrate

5.–12. Monat – Nachmittagsbreie

Birnen-Hirse-Brei

FÜR 1 PORTION AB 7. MONAT

30 g Instant-Hirseflocken
1 TL Rapsöl
100 g Birnenmus (Obstbrei aus dem Glas oder s. Rezept unten) oder für ältere Kinder frische Birnenstückchen

Zubereitung: ca. 10 Min.

1. 100 ml Wasser auf 50° erhitzen und in ein Schälchen geben.

2. Die Hirseflocken einrühren und den Brei etwas abkühlen lassen. Das Rapsöl zum Brei geben. Dazu Birnenmus oder Birnenstückchen reichen.

INFO

Birnen sorgen für eine gute Verdauung. Besonders geeignet sind sie für Säuglinge, die unter festem Stuhlgang leiden.

TIPP

Damit die Nährstoffe aus dem Obst-Getreide-Brei besser aufgenommen werden, keine Spezialnahrung zugeben. Deren Mineralstoffe und die des Breis würden sich sonst gegenseitig in der Aufnahme behindern.

Nährwerte pro Portion:
205 kcal • 3 g Eiweiß • 6 g Fett • 32 g Kohlenhydrate

Birnenmus

FÜR 4 PORTIONEN AB 7. MONAT

500 g Birnen
Saft von 1/2 Zitrone
1 Pck. Vanillezucker
1/2 Zimtstange
2 Nelken
Zucker

Zubereitung: ca. 30 Min.

1. Die Birnen schälen, vierteln und das Kerngehäuse entfernen. Die Birnenviertel und 90 ml Wasser in einen Topf geben.

2. Den Zitronensaft und den Vanillezucker mit der Zimtstange und den Nelken zu den Birnenvierteln geben. Alles erhitzen und zugedeckt bei mittlerer Hitze 10–12 Min. garen, bis die Birnen weich sind.

3. Zimtstange und Nelken herausnehmen. Das Kompott, falls nötig, mit Zucker abschmecken und je nach den Vorlieben des Kindes mit dem Stabmixer zerkleinern. Das Mus luftdicht verschlossen aufbewahren.

UND DAZU?

Zu diesem Obstmus passen verträgliche Kekse aus Hafer (Rezept s. S. 123) oder glutenfreie Grissinistangen. Gerade zum Mitnehmen für unterwegs ist die Brei-Keks-Kombination gut vorzubereiten und deckt auch das Bedürfnis der Kinder nach Brei und Fingerfood.

Nährwerte pro Portion:
75 kcal • 1 g Eiweiß • 0 g Fett • 17 g Kohlenhydrate

Früchtebrei

FÜR 1 PORTION AB 7. MONAT

2 TL Reismehl
1 EL milchfreie Margarine oder Rapsöl
100 g Früchtedessert aus dem Glas (z. B. von Hipp)

Zubereitung: ca. 10 Min.

1. Reismehl mit 100 ml Wasser in einen Topf geben und unter Rühren aufkochen lassen.

2. Die Margarine oder das Öl unterrühren, den Brei etwas abkühlen lassen und das Früchtedessert untermischen.

TIPP

Dieser Brei ist unkompliziert und lässt sich prima vorbereiten. Nehmen Sie einfach heißes Wasser in einer Thermoskanne für unterwegs mit und vermengen Sie kurz vor dem Verzehr alle Zutaten miteinander.

Nährwerte pro Portion:

160 kcal • 1 g Eiweiß • 8 g Fett • 20 g Kohlenhydrate

Banane mit 4-Korn-Flocken

FÜR 1 PORTION AB 7. MONAT

1 TL milchfreie Margarine
1/2 reife Banane (ca. 100 g)
10 g weizenfreie 4-Korn-Flocken (z. B. von Alnatura)

Zubereitung: ca. 10 Min.

1. In einem Topf 90–100 ml Wasser zum Kochen bringen, die Margarine zugeben und anschließend alles auf ca. 50° abkühlen lassen.

2. Inzwischen die Banane mit einer Gabel fein zerdrücken.

3. Die 4-Korn-Flocken in das Margarine-Wasser rühren, sodass keine Klümpchen entstehen. Das Bananenmus zugeben.

Nährwerte pro Portion:

195 kcal • 4 g Eiweiß • 5 g Fett • 32 g Kohlenhydrate

Gartenfrüchte in Teff-Flockenbrei

FÜR 1 PORTION AB 7. MONAT

15 g Teff-Flocken
1 EL milchfreie Margarine
100 g Früchtchen Gartenfrüchtebrei (aus dem Glas; z. B. von Alete)

Zubereitung: ca. 5 Min.
Quellzeit: ca. 10 Min.

1. In einen Topf 110 ml Wasser geben. Die Teff-Flocken einrühren und bei mittlerer Hitze unter Rühren zum Kochen bringen. Den Brei einmal kurz aufkochen lassen, dann zugedeckt auf der ausgeschalteten Herdplatte ca. 10 Min. quellen lassen. Margarine und Früchte untermischen.

TIPP

Wenn Ihr Baby schon kauen kann, dann ersetzen Sie das fein pürierte Obst aus dem Glas durch selbst gemachtes Früchtekompott.

Nährwerte pro Portion:
175 kcal • 2 g Eiweiß • 8 g Fett • 22 g Kohlenhydrate

Obst-Porridge

FÜR 1 PORTION AB 7. MONAT

1 kleiner säurearmer Apfel (ca. 90 g; z. B. Gala, Idared)
1/2 reifer Pfirsich
20 g Instant-Haferflocken
1 EL milchfreie Margarine

Zubereitung: ca. 15 Min.

1. Den Apfel gründlich waschen, schälen und mit einer Küchenreibe fein reiben. Die Pfirsichhälfte entkernen, mit kochendem Wasser überbrühen, kurz darin ziehen lassen. Dann aus dem Wasser heben, häuten und fein pürieren.

2. Die Instant-Flocken in einen tiefen Teller geben. 100 ml Wasser aufkochen, zu den Flocken geben und alles gut miteinander verrühren. Die Margarine und das Obst zugeben und gut unter den Brei mischen.

Nährwerte pro Portion:
205 kcal • 3 g Eiweiß • 10 g Fett • 26 g Kohlenhydrate

Energie-Cornflakes

FÜR 1 PORTION AB 10. MONAT
8 g Spezialnahrungspulver
8 g Sinlac-Breipulver
30 g weizenfreie Cornflakes

Zubereitung: ca. 10 Min.

1. 125 ml Wasser in einen Topf geben, ca. 1 Min. kochen, dann auf 50° abkühlen lassen. Anschließend Spezialnahrungs- und Breipulver mit einer Gabel klumpenfrei unterrühren.

2. Die Cornflakes in eine kleine Schüssel geben und mit der Spezialnahrungs-Sinlac-Mischung übergießen.

TIPP
Achten Sie darauf, dass die Cornflakes keinen Zuckerzusatz haben, damit das Müsli nicht zu süß wird.

Nährwerte pro Portion:
180 kcal • 5 g Eiweiß • 3 g Fett • 34 g Kohlenhydrate

5.–12. Monat – Frühstück

Hirse-Birnen-Müsli

FÜR 1 PORTION AB 10. MONAT
Spezialnahrungspulver für 100 ml
3 EL Instant-Hirseflocken
5 ml Reissirup (ca. 1 TL)
80 g Birne
1 TL Hefeflocken (z. B. von Erntesegen)

Zubereitung: ca. 10 Min.

1. Die Spezialnahrung nach Herstelleranweisung zubereiten, in ein Schälchen füllen und die Hirseflocken dazugeben. Den Reissirup unterrühren und alles gut vermengen.

2. Die Birne schälen, das Kerngehäuse entfernen und das Fruchtfleisch in kleine mundgerechte Stücke schneiden. Die Birnenstückchen zum Flockenbrei geben. Zum Schluss die Hefeflocken über das Müsli streuen.

> **TIPP**
>
> Hefeflocken sind eine sehr gute Folatquelle. Folat gehört zur Gruppe der B-Vitamine und wird vor allem in Wachstumsphasen des Körpers dringend benötigt (mehr dazu s. S. 12).

Nährwerte pro Portion:
235 kcal • 7 g Eiweiß • 5 g Fett • 40 g Kohlenhydrate

Hafermüsli mit Kürbiskernen

FÜR 4 PORTIONEN AB 10. MONAT
4 EL Kürbiskerne
8 EL Instant-Haferflocken
2 EL Rosinen

Zubereitung: ca. 5 Min.

1. Die Kürbiskerne in einem Blitzhacker ganz fein mahlen und anschließend mit den Haferflocken mischen.

2. Die Rosinen eventuell noch etwas kleiner schneiden und zum Müsli geben.

> **TIPP**
>
> Pro Portion 3–4 EL der Müslimischung in eine kleine Schüssel geben und mit 120 ml Spezialnahrung übergießen. Wenn Ihr Baby den Abendbrei bereits mit der Spezialnahrung bekommt, können Sie das Müsli auch gerne mit Haferdrink plus Calcium zubereiten.

> **TIPPS**
>
> Die Kürbiskerne reichern dieses Müsli mit einer Extraportion Eisen an.
> Wenn Ihr Kind es gerne knusprig mag, können Sie die Haferflocken vorher in einer Pfanne ohne Fett bei mittlerer Hitze unter ständigem Rühren goldgelb anrösten. Dann die Haferflocken sofort auf einen Teller geben und auskühlen lassen.

Nährwerte pro Portion:
140 kcal • 5 g Eiweiß • 6 g Fett • 17 g Kohlenhydrate

5.–12. Monat – Frühstück

Kraftmacher-Shake

FÜR 2 PORTIONEN AB 10. MONAT
1 kleine Banane
40 g gemahlene Mandeln
200 ml Vanille-Haferdrink plus Calcium
Reissirup (nach Belieben)
Zimtpulver (nach Belieben)

Zubereitung: ca. 10 Min.

1. Die Banane schälen, 100 g abwiegen und anschließend das abgewogene Fruchtfleisch in kleine Stücke schneiden.

2. Bananenstücke mit den Mandeln und dem Haferdrink in einen Mixbecher geben und mit dem Stabmixer fein pürieren. Den Shake nach Belieben mit Reissirup süßen, dann in zwei hohe Gläser füllen und eventuell mit Zimtpulver bestäuben.

> **TIPP**
>
> Babys können oft schon um den 6. Monat herum aus einer Tasse oder einem Becher trinken. Wichtig ist das richtige Trinkgefäß. Am besten eignet sich ein Kunststoffbecher mit abgerundetem Rand oder eine dickwandige Tasse, damit sich das Baby nicht an scharfen Kanten verletzen kann. Das Material des Gefäßes sollte bruchsicher und leicht zu säubern sein. Auch wenn anfangs noch sehr viel danebengeht: Ermuntern Sie Ihren Sprössling zu dieser Trinkweise, denn die Kleinen müssen erst das richtige Gefühl für die bis dahin unbekannte Tätigkeit erlernen.

Nährwerte pro Portion:
195 kcal • 5 g Eiweiß • 12 g Fett • 16 g Kohlenhydrate

Erfrischender Nektarinen-Shake

FÜR 1 PORTION AB 10. MONAT
15 g Spezialnahrungspulver
1 Nektarine
abgeriebene Schale 1/2 Bio-Limette
1 TL Reissirup

Zubereitung: ca. 15 Min.

1. Die Spezialnahrung mit 120 ml Wasser nach Herstelleranweisung zubereiten, dann abkühlen lassen.

2. Die Nektarine waschen, halbieren, entkernen, grob würfeln und 100 g abwiegen.

3. Die abgewogenen Nektarinenstücke mit der Spezialnahrung und der Limettenschale in einen Mixbecher geben. Alles mit dem Stabmixer fein pürieren. Den Shake mit Reissirup abschmecken und in einem Trinkbecher servieren.

Nährwerte pro Portion:
145 kcal • 3 g Eiweiß • 4 g Fett • 25 g Kohlenhydrate

5.–12. Monat – Frühstück

Bauchschmeichler

FÜR 2 PORTIONEN AB 10. MONAT

8 EL Instant-Haferflocken
500 ml Vanille-Haferdrink plus Calcium
1 Banane
100 g Erdbeeren

Zubereitung: ca. 10 Min.

1. Die Haferflocken zusammen mit dem Haferdrink aufkochen und kurz stehen lassen. Den Brei in zwei tiefe Teller geben.

2. Die Banane schälen, in Scheiben schneiden und je die Hälfte fächerförmig auf dem Haferbrei verteilen.

3. Die Erdbeeren waschen, putzen, in kleine Würfel schneiden und je die Hälfte davon ebenfalls auf dem Porridge verteilen.

> **TIPP**
>
> Haferflocken liefern besonders viele B-Vitamine, die für die Funktion des Nervensystems und des Gehirns sehr wichtig sind.

Nährwerte pro Portion:
135 kcal • 3 g Eiweiß • 3 g Fett • 24 g Kohlenhydrate

Hirsekreis

FÜR 1 BROT VON CA. 28 CM Ø (CA. 14 STÜCKE) AB 10. MONAT

100 g Hirse
100 g glutenfreies Mehl (z. B. Mehlmix Hell von Hammermühle)
1 Pck. Trockenhefe
1 TL Zucker
Jodsalz
1/2 TL Brotgewürz
80 ml Reisdrink plus Calcium
1 EL Rapsöl
2 EL Hirse

Zubereitung: ca. 30 Min.
Ruhezeit: über Nacht
+ ca. 50 Min.
Backzeit: ca. 30 Min.

1. Die Hirse in einem Topf über Nacht in 280 ml Wasser einweichen, dann bei mittlerer Hitze ca. 5 Min. erwärmen.

2. In einer Rührschüssel das glutenfreie Mehl mit der Trockenhefe vermischen. Zucker, 1/2 TL Jodsalz und Brotgewürz dazugeben. Mit den Quirlen des Handrührgeräts den warmen Hirsebrei unter die Mehlmischung rühren. Den Reisdrink dazugeben, sodass ein nicht zu fester Teig entsteht. Diesen zugedeckt 40–50 Min. an einem warmen Ort aufgehen lassen, bis er luftig-locker aussieht.

3. Mit angefeuchteten Händen aus dem Teig einen pfannengroßen Fladen formen. In einer großen beschichteten Pfanne mit Deckel das Öl erhitzen, nun 1 EL Hirse gleichmäßig auf dem Boden verteilen, den Teigfladen einlegen, obenauf die restliche Hirse streuen. Den Deckel auf die Pfanne legen und den Hirsekreis bei mittlerer Hitze ca. 15 Min. pro Seite garen.

Nährwerte pro Stück:
65 kcal • 2 g Eiweiß • 1 g Fett • 12 g Kohlenhydrate

Bananen-Fruchtsaft-Pudding

FÜR 1 PORTION AB 10. MONAT

150 ml Bananen in Fruchtsaft
(z. B. von Babydream)
15 g Maisstärke
10 g Zucker
10 g Spezialnahrungspulver

Zubereitung: ca. 10 Min.
Kühlzeit: ca. 2 Std.

1. Vom Saft 3 EL abnehmen und die Stärke sowie den Zucker damit glatt rühren.

2. Den restlichen Saft in einem Topf zum Kochen bringen, dann die Stärke einrühren und den Pudding unter ständigem Rühren nochmals aufkochen lassen.

3. Den Topf von der Herdplatte nehmen und das Spezialnahrungspulver einrühren. Den fertigen Pudding in eine Dessertschüssel füllen und für mindestens 2 Std. kalt stellen.

TIPP

Der Zusatz von Spezialnahrung verbessert deutlich das Nährstoffangebot dieses Puddings.

Nährwerte pro Portion:
240 kcal • 2 g Eiweiß • 3 g Fett • 51 g Kohlenhydrate

5.–12. Monat – Süße Zwischenmahlzeiten

Flammeri im Früchtemeer

FÜR 1 PORTION AB 10. MONAT
1 1/2 EL Maisstärke
20 g Spezialnahrungspulver
1 TL milchfreie Margarine oder Rapsöl
1/2 TL Zucker
1/4 Vanilleschote
40 g Obstmus oder -kompott (z. B. Apfel, Birne, Aprikose, Pfirsich)

Zubereitung: ca. 10 Min.
Kühlzeit: über Nacht

1. In einem Topf die Stärke mit 150 ml kaltem Wasser verrühren, unter ständigem Rühren aufkochen, anschließend etwas abkühlen lassen.

2. Spezialnahrung, Margarine oder Öl einrühren und den Flammeri nach Geschmack mit dem Zucker süßen. Die Vanilleschote mit einem scharfen Messer halbieren, das Mark mit dem Messerrücken herauskratzen und zum Flammeri geben.

3. Diesen in eine mit kaltem Wasser ausgespülte Puddingschale füllen, erkalten und fest werden lassen. Dann auf einen Teller stürzen. Dazu das Obstmus oder -kompott servieren.

> **TIPP**
> So kommt Farbe ins Spiel: Verzieren Sie den Flammeri z. B. mit 1 TL Himbeersirup.

Nährwerte pro Portion:
230 kcal • 3 g Eiweiß • 9 g Fett • 34 g Kohlenhydrate

Reisbrei mit Apfel und Birne

FÜR 2 PORTIONEN AB 10. MONAT
60 g Milchreis (roh)
150 ml Haferdrink plus Calcium
1 TL Rapsöl
1/2 TL Zucker
Zimtpulver
je 1/2 Apfel und 1/2 Birne

Zubereitung: ca. 40 Min.

1. In einem Topf den Reis mit dem Haferdrink aufkochen, danach zugedeckt bei schwacher Hitze ca. 25 Min. garen. Dabei ab und an umrühren.

2. Das Öl unterrühren und die Masse in eine mit kaltem Wasser ausgespülte Puddingschale füllen, erkalten lassen. Zucker und 1 Msp. Zimt in einem Schälchen mischen und je nach Geschmack des Kindes auf den Reisbrei streuen.

3. Apfel und Birne waschen, schälen, ohne Kerngehäuse in mundgerechte Stücke schneiden und dazu servieren.

Nährwerte pro Portion:
190 kcal • 3 g Eiweiß • 4 g Fett • 36 g Kohlenhydrate

5.–12. Monat – Süße Zwischenmahlzeiten

Vanillepudding mit Himbeersauce

FÜR 2 PORTIONEN AB 10. MONAT

Für den Vanillepudding:
Eiersatz für 1 Ei
5 g Maisstärke
1 Pck. Vanillezucker
10 g Zucker
10 g Spezialnahrungspulver

Für die Himbeersauce:
150 g Himbeeren
1/4 TL Mais-, Reis- oder Kartoffelstärke
20 g Zucker oder 2 EL Himbeersirup
15 g Spezialnahrungspulver

Zubereitung: ca. 25 Min.
Kühlzeit: über Nacht

1. Für den Pudding 175 ml Wasser in einen Topf geben. Davon 7 EL abnehmen und damit den Eiersatz nach Herstelleranweisung zubereiten. Eiersatz, Stärke, Vanillezucker und Zucker glatt miteinander verrühren.

2. Das restliche Wasser zum Kochen bringen. Dann mit einem Schneebesen die Stärke-Eiersatz-Mischung einrühren und die Masse einmal kräftig aufkochen lassen, bis sie cremig-glasig wird. Topf vom Herd nehmen und den Pudding lauwarm abkühlen lassen.

3. Spezialnahrung mit einem Schneebesen kräftig einrühren, bis sich das Pulver vollständig gelöst hat und der Pudding eine »milchige« Farbe bekommt. Pudding in zwei kalt ausgespülte Förmchen füllen und über Nacht auskühlen lassen.

4. Für die Sauce die Himbeeren waschen, verlesen und in einen Topf geben. Stärke mit 3 EL kaltem Wasser anrühren und mit den Beeren einmal aufkochen. Zucker oder Sirup dazugeben. Beeren nach Belieben pürieren und durch ein Sieb streichen. Das Spezialnahrungspulver in die lauwarme Sauce einrühren. Pudding auf zwei Teller stürzen und mit der Sauce anrichten.

VARIANTE

Für 2 Portionen Schokopudding 150 ml Wasser in einen Topf füllen. Davon 5 EL Wasser abnehmen und mit 15 g Maisstärke, 15 g Zucker und 5 g Kakaopulver glatt verrühren. Restliches Wasser zum Kochen bringen und den Pudding wie im Rezept links beschrieben mit der Maisstärkemischung und 15 g Spezialnahrungspulver zubereiten. Den Pudding in zwei kalt ausgespülte Schälchen füllen und vollständig erkalten lassen. Dazu schmeckt Vanillesauce. Dafür 125 ml Wasser in einem Topf zum Kochen bringen, erst 1 Pck. Vanillezucker und 1 TL Vanillearoma, dann 1/2 ML Biobin schnell einrühren und alles nochmals kurz aufkochen. Die Sauce lauwarm abkühlen lassen. Anschließend 10 g Spezialnahrungspulver mit einem Schneebesen einrühren, bis die Vanillesauce eine »milchige« Farbe bekommt.

Nährwerte pro Portion:
185 kcal • 3 g Eiweiß • 4 g Fett • 34 g Kohlenhydrate

Grundrezept Müslimischung

FÜR 480 G (ERGIBT CA. 16 PORTIONEN)

300 g verschiedene Flocken ohne Weizen (z. B. Hafer-, Hirse-, Maisflocken, Puffreis)
80 g weizenfreie Cornflakes (z. B. von Glutano)
50 g gehackte Kürbiskerne
50 g getrocknete ungeschwefelte Aprikosen

Zubereitung: ca. 10 Min.

1. Flocken, Cornflakes und Kürbiskerne in angegebener Reihenfolge in einer großen Schüssel miteinander mischen.

2. Aprikosen in kleine Würfel schneiden und unter die Flocken und Kerne mischen. In einem dicht schließenden Vorratsglas hält sich die Müslimischung 3–4 Wochen.

TIPP

Die Trockenfrüchte machen das Müsli etwas süßer. So wird der bittere Geschmack der Spezialnahrung als Milchersatz gut überdeckt. Statt Aprikosen können Sie gerne auch andere Trockenfrüchte verwenden.

Nährwerte pro Portion:
119 kcal • 3 g Eiweiß • 2 g Fett • 19 g Kohlenhydrate

Ab dem 13. Monat – Frühstück

Schneller Müsli-Mix für Morgenmuffel

FÜR 1 GROSSE PORTION

15 g Spezialnahrungspulver
1 TL Reissirup
80 g frisches Obst je nach Verträglichkeit (z. B. Banane, Apfel, Birne, Pfirsich, Orange oder Beeren)
3 EL Grundrezept Müslimischung (Rezept s. S. 48)

Zubereitung: ca. 10 Min.

1. Das Spezialnahrungspulver mit 110 ml 50° heißem Wasser klumpenfrei mit einer Gabel anrühren und nach und nach den Reissirup zugeben.

2. Das Obst nach Bedarf waschen, putzen, schälen und in sehr kleine Stücke schneiden, reiben oder pürieren.

3. Die Müslimischung mit dem vorbereiteten Obst in einem Schälchen mischen und mit der Spezialnahrung übergießen.

INFO

Selbst zusammengestelltes Müsli hat einige Vorteile:
- Es kann individuell auf die Geschmacksvorlieben der ganzen Familie abgestimmt werden.
- Müsli-Fertigmischungen enthalten meist viel Zucker sowie Weizen- und Dinkelverunreinigungen.

Nährwerte pro Portion:

255 kcal • 6 g Eiweiß • 6 g Fett • 43 g Kohlenhydrate

Muntermacher-Müsli

FÜR 6 PORTIONEN

60 g Hirseflocken
20 g Kokosflocken
15 g gehackte Mandeln
20 g Bananenchips
30 g getrocknete Aprikosen
30 g getrocknete Ananas

Zubereitung: ca. 10 Min.

1. Hirse-, Kokosflocken und Mandeln vermischen. Bananenchips, Aprikosen und Ananas eventuell in noch kleinere Stückchen schneiden und unter die Flocken heben. In einem dicht schließenden Vorratsglas hält sich das Müsli ca. 4 Wochen.

TIPPS

Pro Portion 30 g Müsli mit 100–125 ml angerührter Spezialnahrung, Reis- oder Haferdrink mit Calcium-Zusatz übergießen.
Durch die Trockenfrüchte ist das Muntermacher-Müsli angenehm süß und hilft der Verdauung auf die Sprünge. Diese sehr aromatische Müslimischung passt gut zu fertig angerührter Spezialnahrung als Milchersatz.

Nährwerte pro Portion:

105 kcal • 2 g Eiweiß • 2 g Fett • 19 g Kohlenhydrate

Ab dem 13. Monat – Frühstück

Weizenfreies Ciabatta

FÜR 1 LÄNGLICHES BROT (CA. 17 SCHEIBEN)

50 g Teffmehl
350 g glutenfreies Mehl (z. B. Mehlmix B von Schär)
30 g Maismehl
70 g Reismehl
1 Pck. Trockenhefe
Jodsalz
3 EL Olivenöl

Zubereitung: ca. 20 Min.
Ruhezeit: ca. 1 Std.
Backzeit: ca. 20 Min.

1. In einer Schüssel Mehle, die Hefe und 1 TL Jodsalz miteinander vermengen. 350 ml lauwarmes Wasser mit den Quirlen des Handrührgeräts unterrühren, sodass ein zähflüssiger Teig entsteht. Diesen abgedeckt an einem warmen Ort ca. 40 Min. gehen lassen, bis er sein Volumen verdoppelt hat und luftig-locker aussieht.

2. Den Teig nochmals mit den Quirlen des Handrührgeräts durchrühren, dabei das Olivenöl zugeben. Mit angefeuchteten Händen aus dem Teig ein längliches Brot formen.

3. Dieses auf ein mit Backpapier belegtes Backblech setzen und nochmals ca. 20 Min. gehen lassen. Den Backofen auf 170° vorheizen. Dann das Brot im heißen Backofen (Mitte) in ca. 20 Min. goldgelb backen.

Nährwerte pro Scheibe:
120 kcal • 2 g Eiweiß • 2 g Fett • 22 g Kohlenhydrate

Süßes Blitzbrot

FÜR 1 KASTENFORM VON 30 CM LÄNGE (CA. 14 SCHEIBEN)

500 g glutenfreies Mehl (z. B. Mehlmix Hell von Hammermühle)
Jodsalz
1 Würfel frische Hefe (42 g)
500 ml zimmerwarmer Vanille-Haferdrink plus Calcium
60 g milchfreie Schokotropfen
Außerdem: milchfreie Margarine für die Form

Zubereitung: ca. 10 Min.
Backzeit: ca. 1 Std.
Ruhezeit: ca. 20 Min.

1. Das Mehl und 1/2 TL Jodsalz in eine Rührschüssel geben, die Hefe daraufbröckeln. Dann den Haferdrink mit den Quirlen des Handrührgeräts unterrühren. Zum Schluss die Schokotropfen unter den Teig heben.

2. Die Kastenform fetten. Den Teig gleichmäßig einfüllen und die Form in den kalten Backofen stellen. Das süße Brot bei 170° (Mitte) in ca. 1 Std. goldgelb backen. Anschließend bei geöffneter Backofentür noch ca. 20 Min. im Ofen ruhen lassen. Das fertige Brot aus der Form stürzen und auskühlen lassen.

INFO

Weil dieses aromatische Gebäck relativ viel Hefe enthält, muss der Teig vor dem Backen nicht gehen. So ist er eine prima Leckerei für zwischendurch, wenn es mal schnell gehen muss.

Nährwerte pro Stück:
170 kcal • 1 g Eiweiß • 3 g Fett • 35 g Kohlenhydrate

Gelbe Erbsenpaste

FÜR 6 PORTIONEN

100 g getrocknete gelbe Erbsen
150 ml verträgliche Instant-Gemüsebrühe, 1 Knoblauchzehe
1 EL Hefeflocken, Pfeffer, Jodsalz
1/2 TL getrockneter Majoran
1 TL getrocknete Petersilie
1/2 TL getrocknetes Bohnenkraut

Einweichzeit: über Nacht
Zubereitung: ca. 1 Std. 30 Min.

1. Erbsen über Nacht in einem Topf mit Wasser bedeckt einweichen. Dann die Gemüsebrühe zugeben und alles zusammen aufkochen und bei schwacher Hitze 1 Std. 10 Min. garen. Abgießen, dabei die Brühe auffangen. Die Erbsen pürieren und nur so viel Brühe angießen, dass die Masse pastös bleibt.

2. Den Knoblauch schälen, durchpressen und mit den Hefeflocken, Pfeffer, Jodsalz und den Kräutern unter das Erbsenpüree rühren. Die Paste noch mal mit Pfeffer und Jodsalz abschmecken. Sie schmeckt besonders gut als Dip zu Fisch und Fleisch sowie als Brotaufstrich. Gekühlt ca. 1 Woche haltbar.

Nährwerte pro Portion:
65 kcal • 5 g Eiweiß • 0 g Fett • 11 g Kohlenhydrate

Schneller Kichererbsenaufstrich

FÜR 6 PORTIONEN

1 kleine Dose Kichererbsen (120 g Abtropfgewicht)
3 EL Olivenöl
2 EL Zitronensaft
1 Knoblauchzehe
1 EL gehackte frische Minze
Jodsalz
gemahlener Kreuzkümmel

Zubereitung: ca. 5 Min.

1. Die Kichererbsen abtropfen lassen und fein pürieren, dabei langsam das Olivenöl und den Zitronensaft dazugeben. Den Knoblauch schälen und zum Kichererbsenpüree pressen, mit der Minze unterrühren. Den Aufstrich mit Jodsalz und Kreuzkümmel abschmecken.

INFO

Im Kühlschrank hält sich der Aufstrich in einem Schraubglas ca. 1 Woche. Kichererbsen liefern hochwertiges Eiweiß und sind in dieser Form gut verträglich für Kinder mit empfindlichem Darm.

Nährwerte pro Portion:
60 kcal • 1 g Eiweiß • 5 g Fett • 2 g Kohlenhydrate

Kürbiskernaufstrich

FÜR 6 PORTIONEN

100 g Kürbiskerne
75 g milchfreie Margarine
50 g Rosinen
1 Bio-Zitrone

Zubereitung: ca. 20 Min.

1. Die Kürbiskerne in einer Pfanne ohne Fett rösten. Wenn sie beginnen, aromatisch zu duften, sofort aus der Pfanne nehmen, abkühlen lassen. Dann mit der Margarine und den Rosinen in einen Mixbecher geben.

2. Die Zitrone heiß waschen, die Schale abreiben und den Saft auspressen.

3. Beides mit in den Mixbecher geben und alle Zutaten mit dem Stabmixer cremig pürieren. In ein Schraubglas gefüllt hält sich der Kürbiskernaufstrich im Kühlschrank ca. 1 Woche.

Nährwerte pro Portion:
210 kcal • 4 g Eiweiß • 18 g Fett • 8 g Kohlenhydrate

Rote-Linsen-Paste

FÜR 6 PORTIONEN

100 g rote Linsen
100 ml calciumreiches Mineralwasser mit wenig Kohlensäure
1 TL getrocknetes Bohnenkraut
1/4 TL getrockneter Oregano
1/2 TL getrockneter Majoran
1 EL Hefeflocken, Jodsalz, Pfeffer
2 EL Tomatenmark

Zubereitung: ca. 30 Min.

1. Die roten Linsen mit dem Mineralwasser in einen Topf geben, aufkochen und ca. 20 Min. auf der ausgeschalteten Herdplatte zugedeckt garen.

2. Anschließend die getrockneten Kräuter, die Hefeflocken, Jodsalz, Pfeffer und das Tomatenmark zu den Linsen geben.

3. Die Masse mit dem Stabmixer cremig pürieren und die Paste nochmals mit Jodsalz und Pfeffer abschmecken. Luftdicht verschlossen hält sich die Paste im Kühlschrank ca. 1 Woche.

Nährwerte pro Portion:
53 kcal • 5 g Eiweiß • 0 g Fett • 8 g Kohlenhydrate

Ab dem 13. Monat – Fingerfood

Gemüsetaler

FÜR 14 STÜCK
4 mittelgroße Zucchini
Saft von 1/2 Zitrone
150 g Zwiebeln
Eiersatz für 2 Eier
2 TL gehackte TK-Petersilie
2 TL gehackter TK-Dill
je 1/2 TL getrockneter Majoran und Oregano
Pfeffer, Jodsalz
4 EL Kichererbsenmehl (nach Bedarf)
Außerdem: Olivenöl zum Braten

Zubereitung: ca. 30 Min.

1. Die Zucchini waschen, putzen, anschließend mit einer Küchenreibe grob raspeln und in ein Küchensieb geben. Die Zucchiniraspel mit dem Zitronensaft beträufeln. Durch den Zitronensaft wird das Wasser aus den Zucchiniraspeln gezogen, sodass die Puffer später nicht zu dünn werden.

2. Zwiebeln schälen und in feine Würfel schneiden. Eiersatz nach Herstelleranweisung zubereiten. Die Zucchiniraspel mit Zwiebeln, Kräutern und dem Eiersatz gut mischen und mit Pfeffer und Jodsalz würzen. So viel Kichererbsenmehl unterrühren, bis eine zähe Masse entsteht.

3. Öl in einer beschichteten Pfanne erhitzen. Vom Zucchiniteig esslöffelgroße Portionen abstechen, diese portionsweise ins heiße Öl setzen, flach drücken und jeweils bei mittlerer Hitze in 6–8 Min. von beiden Seiten braten.

TIPPS

Die Gemüsetaler sind auch kalt ein Genuss.
Fein getoppt: Die Puffer mit den Aufstrichen von Seite 52 und 53 servieren.

Nährwerte pro Stück:
39 kcal • 2 g Eiweiß • 1 g Fett • 3 g Kohlenhydrate

Piratenpuffer

FÜR 8 STÜCK
750 g mehligkochende Kartoffeln
2 Zwiebeln (ca. 100 g)
1 Stange Lauch (ca. 200 g)
2 kleine Möhren (ca. 150 g)
Eiersatz für 2 Eier
1/2 TL getrockneter Majoran oder Thymian
Jodsalz
1–2 gehäufte EL Kartoffelstärke
Außerdem: Rapsöl zum Braten

Zubereitung: ca. 45 Min.

1. Die Kartoffeln waschen und schälen. Die Zwiebeln ebenfalls schälen. Beides grob reiben. Anschließend das Kartoffelwasser durch ein Sieb abgießen.

2. Den Lauch längs halbieren, waschen und in sehr feine Halbringe schneiden. Möhren putzen, schälen und fein raspeln.

3. Den Eiersatz nach Herstelleranweisung zubereiten und zusammen mit Majoran oder Thymian sowie Lauch und Möhren unter die Kartoffel-Zwiebel-Masse rühren. Wenn die Masse zu flüssig ist, d. h. wenn die Puffer nicht in Form bleiben, mit etwas Kartoffelstärke binden.

4. In einer großen beschichteten Pfanne das Öl erhitzen. Dann portionsweise mit einem Esslöffel Teighäuflein mit etwas Abstand in die Pfanne geben, diese leicht flach drücken und die Puffer bei mittlerer Hitze in je ca. 8 Min. von beiden Seiten goldbraun braten. Dazu passen Tomatensauce und der Party-Eisbergsalat von Seite 74.

Nährwerte pro Stück:
115 kcal • 3 g Eiweiß • 5 g Fett • 15 g Kohlenhydrate

Ab dem 13. Monat – Fingerfood

Hirsebratlinge

FÜR 20 STÜCK
1 Knoblauchzehe
1 mittelgroße Zwiebel (ca. 100 g)
2–3 cm frischer Ingwer
3 EL Rapsöl
150 g Hirse
300 ml verträgliche Instant-Gemüsebrühe
150 g Möhren
Eiersatz für 1 Ei
1 EL gehackte Petersilie
1 TL Schnittlauchröllchen
2 EL Tomatenmark
Pfeffer, Jodsalz
1 EL Hirsemehl

Zubereitung: ca. 55 Min.
Quellzeit: ca. 20 Min.

1. Knoblauch, Zwiebel und Ingwer schälen und alle drei Zutaten sehr klein würfeln. 1 EL Öl in einer Pfanne erhitzen und die Zwiebel darin bei mittlerer Hitze glasig dünsten. Ingwer und Knoblauch zufügen und kurz mitdünsten. Hirse in einem Sieb mit heißem Wasser gut ausspülen, zu den übrigen Zutaten in die Pfanne geben und ca. 5 Min. mitdünsten. Die Gemüsebrühe dazugeben und alles ca. 15 Min. zugedeckt bei mittlerer Hitze köcheln lassen.

2. Möhren putzen, schälen und fein raspeln. Nach ca. 10 Min. Garzeit die Möhrenraspel zur Hirsemasse geben.

3. Im Anschluss an die Garzeit alles noch weitere 20 Min. auf der ausgeschalteten Herdplatte nachquellen lassen.

4. Unter die Hirsemasse den nach Herstelleranweisung zubereiteten Eiersatz, die Kräuter sowie das Tomatenmark heben. Den Teig pfeffern und salzen, dann mit Hirsemehl binden, sodass eine zähe Masse entsteht. Aus dem Teig mit angefeuchteten Händen 20 flache Bratlinge mit ca. 6 cm Ø formen. In einer Pfanne das restliche Öl erhitzen und die Bratlinge darin portionsweise bei mittlerer Hitze in ca. 5 Min. von beiden Seiten goldgelb braten.

Nährwerte pro Stück:
45 kcal • 1 g Eiweiß • 2 g Fett • 6 g Kohlenhydrate

Thunfisch-Burger

FÜR 1 PORTION
80 g Thunfischsteak
1 Zitrone
2 EL Sesamsamen
1 EL Öl
Pfeffer, Jodsalz
1 milch-, ei, weizen-, und sojafreies Brötchen (ca. 60 g)
1 TL verträglicher Ketchup
5–8 Basilikumblätter
1 TL Olivenöl
1 Salatblatt
3–4 Tomatenscheiben

Zubereitung: ca. 20 Min.
Marinierzeit: ca. 15 Min.

1. Das Thunfischsteak kalt abspülen, trocken tupfen und so halbieren, dass es auf das Brötchen passt. Die Zitrone auspressen und den Saft in einen tiefen Teller geben. Den Sesam hineinstreuen.

2. Die Thunfischstücke in der Zitronen-Sesam-Marinade wälzen und 10–15 Min. darin ziehen lassen. Anschließend in einer Pfanne das Öl erhitzen. Die Steaks leicht pfeffern und salzen und im heißen Öl bei mittlerer Hitze 3–4 Min. von jeder Seite anbraten.

3. Das Brötchen aufschneiden und die Unterseite mit Ketchup bestreichen. Basilikum waschen, ganz fein hacken und mit dem Olivenöl mischen. Kräuteröl auf die Brötchenoberseite streichen. Das Salatblatt auf die untere Brötchenhälfte legen. Dann den Thunfisch und die Tomatenscheiben darauflegen, fest andrücken und mit der Brötchenoberseite abschließen.

Nährwerte pro Portion:
585 kcal • 23 g Eiweiß • 39 g Fett • 33 g Kohlenhydrate

Ab dem 13. Monat – Fingerfood

Vitaminmuffel-Burger

FÜR 4 PERSONEN
1/2 rote Paprikaschote
1/2 mittelgroßer Zucchino
1 Frühlingszwiebel
1 kleine Zwiebel
1 Knoblauchzehe
1 mittelgroße Tomate
500 g gemischtes Hackfleisch
1/2 TL edelsüßes Paprikapulver
Pfeffer, Jodsalz
1 TL mittelscharfer Senf
3–4 EL blütenzarte Haferflocken
Eiersatz für 1 Ei
1 EL milchfreie Margarine
Zubereitung: ca. 40 Min.

1. Die Paprikaschote putzen, waschen und klein schneiden. Den Zucchino waschen, putzen, längs halbieren und klein würfeln. Die Frühlingszwiebel putzen, waschen und in feine Ringe schneiden. Die Zwiebel und den Knoblauch schälen und beides klein würfeln. Die Tomate kreuzweise einschneiden, mit heißem Wasser überbrühen und häuten. Dann halbieren und ohne Stielansatz und Kerne klein schneiden.

2. Das Hackfleisch in eine Schüssel geben, mit den vorbereiteten Zutaten, den Gewürzen, Senf und den Haferflocken gut vermischen. Zum Schluss den Eiersatz nach Herstelleranweisung zubereiten und unter den Fleischteig kneten.

3. Die Masse zu acht Kugeln formen. Diese anschließend etwas platt drücken. Margarine in einer Pfanne erhitzen und die Burger darin von jeder Seite ca. 10 Min. braten.

> **UND DAZU?**
> Zu den Burgern schmecken Kartoffelschiffchen: Für 4 Personen den Backofen auf 220° vorheizen. 8 mittelgroße festkochende Kartoffeln ganz sauber waschen und eventuell bürsten, dann längs halbieren. Jede Kartoffelhälfte noch mal längs dritteln. 4 EL Olivenöl, 2 TL edelsüßes Paprikapulver, Pfeffer und Jodsalz in einer großen Schüssel verrühren und die Kartoffelspalten mit der Marinade mischen, sodass sie rundum damit umhüllt sind. 1 Zweig Rosmarin waschen, trocken schütteln und die Nadeln abzupfen. Ein Backblech mit Öl fetten, die Kartoffeln darauf verteilen und die Rosmarinnadeln darüberstreuen. Die Kartoffeln im heißen Backofen (unten) ca. 45 Min. backen. Wenn sie zu trocken werden, mit 1–2 EL Raps- oder Olivenöl bepinseln.

Nährwerte pro Portion:
395 kcal • **28 g** Eiweiß • **28 g** Fett • **8 g** Kohlenhydrate

Ab dem 13. Monat – Fingerfood

Quinoa-Bratlinge

FÜR 20 STÜCK

200 g Quinoa
1 mittelgroße Zwiebel
2 EL Rapsöl
1/2 TL grüne Currypaste (Fertigprodukt; aus dem Glas)
1/2 Stange frisches Zitronengras
1/2 TL gemahlener Koriander
500 ml verträgliche Instant-Gemüsebrühe
1 mittelgroße Möhre
1/2 Stange Lauch
100 g Sonnenblumenkerne
Eiersatz für 1 Ei
4 EL Haferflocken
Pfeffer, Jodsalz
1–3 EL Kartoffelstärke (nach Bedarf)
Außerdem: Öl zum Braten

Zubereitung: ca. 1 Std.

INFO

Die DGE rät grundsätzlich bei Kindern unter zwei Jahren von Quinoa-Speisen ab, da nicht auszuschließen ist, dass Saponine darin noch in Spuren vorhanden sind. In Deutschland erhältliches Quinoa ist in der Regel entbittert. Es wird dennoch vorsichtshalber empfohlen, Quinoakörner vor der Verwendung gründlich zu waschen, um etwaige Saponin-Rückstände zu entfernen.

1. Quinoa in einem Haarsieb heiß abspülen, abtropfen lassen. Zwiebel schälen, klein würfeln. Das Öl in einem Topf erhitzen und die Zwiebel darin glasig dünsten. Currypaste, Zitronengras, Koriander und Quinoa zugeben, alles kurz anbraten, mit der Brühe ablöschen und aufkochen lassen. Nun zugedeckt bei mittlerer Hitze ca. 10 Min. quellen lassen.

2. Inzwischen die Möhre putzen, schälen und fein raspeln. Lauch putzen, längs halbieren, waschen und in feine Halbringe schneiden. Beides zum Quinoa geben, alles ca. 10 Min. weitergaren, dann abkühlen lassen. Das Zitronengras entfernen.

3. 75 g Sonnenblumenkerne im Blitzhacker sehr fein hacken. Eiersatz nach Herstelleranweisung zubereiten und mit den Haferflocken, den gemahlenen und den ganzen Sonnenblumenkernen vermengen. Unter den Quinoa mischen. Den Teig pfeffern und salzen. Er muss mit den Händen formbar sein. Ist er zu flüssig, noch Kartoffelstärke dazugeben.

4. Aus dem Teig mit feuchten Händen 20 Bratlinge mit ca. 8 cm Ø formen. In einer Pfanne Öl erhitzen und die Bratlinge darin portionsweise in je 6–8 Min. beidseitig knusprig braten.

VARIANTE

Für Amaranth-Hirse-Puffer für 2 Personen 1 Schalotte schälen, sehr fein würfeln. 1 EL Rapsöl in einem Topf erhitzen und die Schalotte darin glasig dünsten. 250 ml verträgliche Instant-Gemüsebrühe angießen und aufkochen. 100 g Amaranth einrühren und zugedeckt bei schwacher Hitze ca. 25 Min. garen, dabei ab und zu umrühren. Dann 70 g Hirsegrieß einrühren und die Masse zugedeckt ca. 10 Min. quellen lassen. Eiersatz für 1 Ei nach Herstelleranweisung zubereiten. 40 g Kürbiskerne im Blitzhacker fein hacken, dann mit Amaranth-Hirse-Mischung zum Eiersatz geben und alles miteinander vermengen. Den Teig pfeffern und salzen. In einer Pfanne Öl erhitzen. Je die Hälfte des Teigs als zwei Puffer in die Pfanne geben. Die Puffer etwas andrücken, glatt streichen und in je 8–10 Min. bei mittlerer Hitze von beiden Seiten goldbraun braten.

Nährwerte pro Stück:

90 kcal • **3 g** Eiweiß • **5 g** Fett • **9 g** Kohlenhydrate

Ab dem 13. Monat – Fingerfood

Kichererbsen-Pfannkuchen

FÜR 4 STÜCK
100 g Kichererbsenmehl
250 ml calciumreiches Mineralwasser
2 EL Rapsöl
Pfeffer, Jodsalz
Zimtpulver
1 kleine Dose Erbsen (140 g Abtropfgewicht)
150 g Kirschtomaten
Außerdem: Öl zum Braten

Zubereitung: ca. 35 Min.

1. Das Kichererbsenmehl in eine Schüssel geben. Mit einem Schneebesen das Mineralwasser unterrühren und zum Schluss das Öl dazugeben. Den Teig mit 1/2 TL Pfeffer, Jodsalz und 1 Prise Zimt würzen. Die Erbsen in einem Sieb sehr gut abtropfen lassen. Die Tomaten waschen und halbieren.

2. In einer großen Pfanne 1 EL Öl stark erhitzen, eine Schöpfkelle Teig hineingeben und etwas glatt streichen. Auf dem Teig je ein Viertel der Erbsen und der Tomatenhälften verteilen und den Teig bei mittlerer Hitze stocken lassen. Die Pfannkuchen nach 4–5 Min., wenn sich die Ränder leicht hochbiegen und weißlich sind, wenden und auch von der anderen Seite goldgelb braten.

TIPP
Die Kichererbsen-Pfannkuchen werden knuspriger als normale Pfannkuchen und eignen sich vor allem zu Fleischgerichten oder Salaten als Brotersatz.

Nährwerte pro Stück:
185 kcal • **7 g** Eiweiß • **9 g** Fett • **17 g** Kohlenhydrate

Gemüsewaffeln

FÜR 3 STÜCK
1 kleiner Kohlrabi
1 Möhre
1 Zwiebel
1 kleine Knoblauchzehe
1/2 Bund Petersilie
1 EL Sesamsamen
Eiersatz für 2 Eier
100 g Teffmehl
150 ml Haferdrink plus Calcium
frisch geriebene Muskatnuss
Pfeffer, Jodsalz
Außerdem: Waffeleisen; Öl für das Waffeleisen

Zubereitung: ca. 35 Min.

1. Kohlrabi und Möhre putzen, schälen und fein raspeln. Zwiebel und Knoblauch schälen. Die Zwiebel würfeln, den Knoblauch durchpressen und beides zu den Gemüseraspeln geben. Die Petersilie waschen, trocken schütteln, die Blättchen fein hacken und mit dem Sesam unter die Gemüsemasse heben.

2. Den Eiersatz nach Herstelleranweisung zubereiten und ebenfalls unterheben. Mit den Quirlen des Handrührgeräts erst das Teffmehl, dann den Haferdrink unterrühren, sodass der Teig geschmeidig, aber zähflüssig ist. Den Teig mit Muskat, Pfeffer und Jodsalz würzen.

3. Das Waffeleisen vorheizen, die Backflächen mit etwas Öl bepinseln und ein Drittel des Teigs auf die untere Backfläche geben. Das Waffeleisen schließen und die Waffel darin auf mittlerer Stufe in 3–5 Min. goldbraun backen. Auf die gleiche Art zwei weitere Waffeln backen.

INFO
Der nussige Geschmack des Teffmehls macht diese Waffeln zum Kinderliebling.

Nährwerte pro Stück:
205 kcal • **7 g** Eiweiß • **7 g** Fett • **29 g** Kohlenhydrate

Ab dem 13. Monat – Fingerfood

Bunte Kartoffelpizza

FÜR 1 SPRINGFORM MIT 28 CM Ø (CA. 16 STÜCKE)

Für den Teig
800 g festkochende Kartoffeln
Eiersatz für 3 Eier
Pfeffer, Jodsalz
1/2 TL edelsüßes Paprikapulver
frisch geriebene Muskatnuss
1–2 EL Kartoffelmehl

Für den Belag
1 rote Paprikaschote
1 mittelgroßer Zucchino
1 Dose Mais (280 g Abtropfgewicht)
400 g stückige Tomaten (aus der Dose)
2 TL getrocknete italienische Kräuter
150 g gekochter Schinken in Scheiben
150 g Salami in Scheiben
Außerdem: milchfreie Margarine für die Form

Zubereitung: ca. 30 Min.
Backzeit: ca. 1 Std.

1. Den Backofen auf 220° vorheizen. Die Form fetten. Für den Teig die Kartoffeln schälen und grob raspeln. Die Kartoffelraspel in ein Küchensieb geben und ausdrücken. Dabei den Kartoffelsaft in einer Schüssel auffangen und beiseitestellen. Den Eiersatz nach Herstelleranweisung zubereiten und unter die Kartoffelraspel mischen.

2. Den Teig mit Pfeffer, Jodsalz, Paprikapulver und Muskat würzen. Das Kartoffelmehl zugeben, sodass ein zähflüssiger Teig entsteht. Bei Bedarf noch etwas vom Kartoffelwasser zugeben. Den Kartoffelteig in die Form füllen und im heißen Backofen (Mitte) 30–40 Min. vorbacken.

3. Für den Belag die Paprika halbieren, putzen, waschen und in Streifen schneiden. Den Zucchino waschen, putzen und grob würfeln. Den Mais in einem Sieb abtropfen lassen.

4. Die Tomaten gleichmäßig auf dem Teig verteilen und mit den Kräutern würzen. Schinken und Salami klein würfeln und mit Paprikastreifen, Zucchinowürfeln und Mais auf den Tomaten verteilen. Nach Belieben noch die halbe Menge Käseersatz (Rezept s. Tipp) daraufgeben und die Pizza weitere 20 Min. backen.

> **TIPP**
>
> Käseersatz für 1 Blech Pizza: Dafür 2 EL milchfreie Margarine in einem Topf schmelzen. 3 TL verträgliches Mehl (z. B. Maismehl) dazugeben und mit der flüssigen Margarine verrühren. Anschließend 50 ml Wasser oder Getreidedrink angießen und die Masse mit je 1 TL mittelscharfem Senf und Jodsalz würzen. Dann 4 EL Hefeflocken (z. B. von Vitam) unterrühren, 100 ml Wasser oder Getreidedrink dazugießen und den Käseersatz noch einmal kurz aufkochen lassen. Den fertigen Käseersatz auf Backpapier mit einem Nudelholz gleichmäßig ausrollen, in grobe Stücke zerteilen und auf die Pizza legen. Der Käseersatz macht sich auch gut als Topping für Lasagne oder Aufläufe.

Nährwerte pro Stück:
110 kcal • 6 g Eiweiß • 4 g Fett • 12 g Kohlenhydrate

Ab dem 13. Monat – Fingerfood

Herzhafte Partypizza

FÜR 1 BLECH (20 STÜCKE)
200 g Teffmehl hell (z. B. von Drei Pauly)
120 g Buchweizenvollkornmehl
100 g Reismehl
1 Würfel frische Hefe (42 g)
1/2 TL Zucker
2 EL Olivenöl
Jodsalz
Außerdem: Teffmehl für die Arbeitsfläche

Zubereitung: ca. 10 Min.
Ruhezeit: ca. 30 Min.
Backzeit: ca. 45 Min.

1. Den Backofen auf 50° vorheizen. Die Mehle in einer Schüssel mischen. Die Hefe in eine Schale bröckeln, den Zucker dazugeben und beides mit 350 ml lauwarmem Wasser auflösen, dann zum Mehl geben. Öl und 1 TL Jodsalz hinzufügen und alle Zutaten mit den Knethaken des Handrührgeräts zu einem Hefeteig verkneten. Er sollte die Konsistenz eines zähen Rührteigs haben. Ist der Teig zu fest, noch etwas Wasser dazugeben. Den Teig zu einer Kugel formen.

2. Den Backofen ausschalten und den Hefeteig zugedeckt ca. 30 Min. darin gehen lassen. Dann den Teig aus dem Ofen nehmen und den Backofen auf 160° vorheizen.

3. Den Teig auf einer mit Teffmehl bestäubten Arbeitsfläche nochmals gut durchkneten, auf Backblechgröße ausrollen und auf ein mit Backpapier belegtes Backblech legen.

4. Nun darf jedes Kind sein Pizzastück selbst individuell nach Geschmack belegen (Belagvorschläge s. Tipp). Die fertig belegte Pizza im heißen Ofen (Mitte) 35–45 Min. backen.

> **TIPP**
>
> Kunterbunter Partyspaß – so wird die Verpflegung für den Kindergeburtstag zum Event-Cooking: Folgende Pizzabeläge sind der Renner und sorgen unter dem Käseersatz (Rezept s. Tipp S. 64) für reichlich Abwechslung. Bereiten Sie die Zutaten vor und lassen Sie die Kleinen ihre Wunschpizza nach Herzenslust selbst belegen: Für die Tomatensauce 400 g stückige Tomaten (aus der Dose) mit 1 TL getrocknetem Oregano, Pfeffer und Jodsalz abschmecken.
> Gekochte Schinken- und Salamischeiben in gleichmäßige Würfel schneiden. 1 Dose Champignons (220 g Abtropfgewicht) abtropfen lassen und die Pilze in gleichmäßige Scheiben schneiden. 150 g TK-Blattspinat ohne Zusätze auftauen lassen, dann sehr fein schneiden. 1 Zwiebel schälen und fein würfeln. 1 Dose Thunfisch im eigenen Saft (150 g Abtropfgewicht) abtropfen lassen und mit einer Gabel zerpflücken.

Nährwerte pro Stück:
85 kcal • 3 g Eiweiß • 1 g Fett • 15 g Kohlenhydrate

Ab dem 13. Monat – Fingerfood

Mais-Tortillas

FÜR 4 PERSONEN
150 g Maismehl
Jodsalz
200–300 ml calciumreiches Mineralwasser mit wenig Kohlensäure (ab 300 mg Ca/l)
Außerdem: Maismehl für die Arbeitsfläche

Zubereitung: ca. 40 Min.
Ruhezeit: ca. 10 Min.

INFO

Wird der Teig leicht brüchig, muss noch Wasser hinzugegeben werden. Lässt er sich nicht von der Arbeitsfläche lösen, fehlt Mehl.

1. Das Maismehl, 1 TL Jodsalz und das Mineralwasser zu einem glatten Teig verkneten. Der Teig muss relativ fest bleiben, soll aber nicht reißen.

2. Den Teig zu einer Rolle formen und diese in acht Scheiben schneiden. Die Teigscheiben mit angefeuchteten Händen zu Kugeln formen. Die Kugeln flach drücken und auf einer bemehlten Arbeitsfläche ca. 4 mm dick ausrollen. Wenn die Ränder brechen, die Hände mit Wasser befeuchten und damit die Teigränder einreiben. Die Teigfladen ca. 10 Min. ruhen lassen, dann mit einem spitzen Messer vorsichtig von der Arbeitsfläche lösen.

3. Tortillas nacheinander in einer Pfanne ohne Fett bei mittlerer Hitze je ca. 2 Min. von jeder Seite backen. Ein Nudelholz mittig in eine große Schüssel hängen. Die Tortillas aus der Pfanne nehmen und noch heiß übereinander über das Nudelholz legen. So auskühlen lassen.

TIPP

Der Teig ist zu spröde um die Tortillas aufzurollen, aber als Halbschale lassen sie sich gut füllen (Rezepte s. S. 70) und krachen schön beim Reinbeißen.

Nährwerte pro Portion:
130 kcal • 3 g Eiweiß • 1 g Fett • 27 g Kohlenhydrate

Wraps

FÜR 6 STÜCK
200 g glutenfreies Mehl (z. B. Mehlmix von Glutano)
40 g milchfreie Margarine
Jodsalz
Außerdem: glutenfreies Mehl für das Nudelholz

Zubereitung: ca. 20 Min.
Ruhezeit: ca. 30 Min.

1. Mehl, Margarine, 1/2 TL Jodsalz und 8–10 EL Wasser zu einem mürbeteigähnlichen Teig verkneten, diesen zugedeckt ca. 30 Min. im Kühlschrank ruhen lassen und anschließend nochmals gut durchkneten.

2. Den Teig in sechs Portionen teilen und diese einzeln auf je einem Bogen Backpapier mit einem bemehlten Nudelholz zu möglichst dünnen runden Fladen von ca. 20 cm Ø ausrollen.

3. Eine Pfanne ohne Fett erhitzen einen Fladen samt Backpapier mit der Teigseite nach unten in die heiße Pfanne legen. Nach einigen Sek. kann das Backpapier gut vom Teig gelöst werden. Das Backpapier kann auch mehrfach verwendet werden. Den Fladen in 1–2 Min. pro Seite bei mittlerer Hitze backen. Wenn sich der Fladen aufbläht, mit einer Gabel einige Löcher einstechen. Die restlichen Fladen genauso backen.

4. Die fertigen Fladen in ein feuchtes Geschirrtuch schlagen, damit sie formbar bleiben, und nach Belieben im auf 100° vorgeheizten Backofen warm halten. Dann nach Geschmack belegen (Rezepte s. S. 70).

Nährwerte pro Stück:
170 kcal • 0 g Eiweiß • 6 g Fett • 29 g Kohlenhydrate

Ab dem 13. Monat – Fingerfood

Putenbrustfüllung

FÜR 6 WRAPS ODER TORTILLAS
450–500 g Möhren
1–2 Knoblauchzehen
250 g Cherry-Strauchtomaten
1 EL Olivenöl
1 TL verträgliche gekörnte Gemüsebrühe
3 EL Reisdrink plus Calcium
2 TL getrocknete italienische Kräuter
120 g geräucherter Putenbrustaufschnitt
Zubereitung: ca. 25 Min.

1. Die Möhren putzen, schälen und in feine Streifen schneiden. Den Knoblauch schälen und sehr fein würfeln. Die Tomaten waschen, halbieren und ohne die Stielansätze in ca. 1/2 cm breite Streifen schneiden.

2. Das Olivenöl in einer Pfanne erhitzen und die Möhrenstreifen darin mit dem Knoblauch, der Brühe, dem Reisdrink und den Kräutern zugedeckt bei mittlerer Hitze ca. 10 Min. dünsten. Nach ca. 5 Min. die Tomaten zugeben. Nach dem Ende der Garzeit das Gemüse 2–3 Min. offen weiterschmoren, bis die Flüssigkeit verdampft ist.

3. Die Masse auf den Wraps gleichmäßig verteilen, die in Streifen geschnittene Putenbrust darüberstreuen und die Wraps fest zusammenrollen.

> **TIPP**
>
> Bestreichen Sie Ihre Wraps/Tortillas auch mal mit einem der Brotaufstriche von den Seiten 52 und 53, bevor Sie eine der Füllungen darauf verteilen.

Nährwerte pro Portion:
75 kcal • 4 g Eiweiß • 4 g Fett • 5 g Kohlenhydrate

Spinatfüllung

FÜR 6 WRAPS ODER TORTILLAS
3 EL Pinienkerne
600 g TK-Blattspinat
1 Zwiebel
2 Knoblauchzehen
2 EL Olivenöl
Pfeffer, Jodsalz
frisch geriebene Muskatnuss
Zubereitung: ca. 25 Min.

1. Die Pinienkerne in einer Pfanne ohne Fett rösten, bis sie anfangen zu duften, dann auf einen Teller geben und dort auskühlen lassen.

2. Den Blattspinat nach Packungsanweisung auftauen lassen, die Flüssigkeit abgießen und den Spinat klein schneiden. Zwiebel und Knoblauch schälen und in feine Würfel schneiden.

3. Das Olivenöl in einer Pfanne erhitzen und die Zwiebelwürfel darin bei mittlerer Hitze glasig dünsten. Anschließend den Knoblauch, die Pinienkerne und den Spinat hinzufügen. Die Füllung kräftig mit Pfeffer, Jodsalz und Muskatnuss würzen und noch ca. 5 Min. weiterdünsten. Die Füllung gleichmäßig auf den Wraps verteilen und diese eng zusammenrollen.

Nährwerte pro Portion:
80 kcal • 3 g Eiweiß • 7 g Fett • 2 g Kohlenhydrate

Ketchup-Senf-Dressing

FÜR 4 PERSONEN

3 EL Aceto balsamico bianco
2 EL Olivenöl
1 EL gehackte TK-Salatkräuter
1 TL verträglicher Ketchup
1 TL mittelscharfer Senf
1 TL Jodsalz
1 TL flüssiger Honig
2 Msp. schwarzer Pfeffer

Zubereitung: ca. 5 Min.

1. Alle Zutaten in einen Schüttelbecher geben und bei geschlossenem Deckel gut durchmischen. Das Dressing bei Bedarf nochmals abschmecken und über den Salat geben. Es schmeckt besonders gut zu knackigem Eisbergsalat.

Nährwerte pro Portion:

65 kcal • **1 g** Eiweiß • **5 g** Fett • **3 g** Kohlenhydrate

Paprika-Orangen-Dressing

FÜR 4 PERSONEN

1 TL mittelscharfer Senf
2 EL Fleischfond
1/2 TL edelsüßes Paprikapulver
Jodsalz
2 EL Weinessig
2 EL Olivenöl
1 EL Orangensaft

Zubereitung: ca. 5 Min.

1. Senf, Fond, Paprikapulver, 1/2 TL Jodsalz und den Essig mit einem Schneebesen oder einer Gabel cremig schlagen. Das Olivenöl dazugeben und gut unterschlagen.
2. Das Dressing mit Orangensaft abschmecken und am besten Feldsalat damit anmachen.

Nährwerte pro Portion:

50 kcal • **0 g** Eiweiß • **5 g** Fett • **1 g** Kohlenhydrate

Balsamico-Dressing

FÜR 4 PERSONEN
3 EL Aceto balsamico
1 TL mittelscharfer Senf
Zucker
Jodsalz
frisch gemahlener schwarzer Pfeffer
4 EL Olivenöl
1 TL Johannisbeergelee

Zubereitung: ca. 5 Min.

1. Essig, Senf, 1/2 TL Zucker, Jodsalz und Pfeffer mit einem Schneebesen oder einer Gabel cremig schlagen.

2. Das Öl nach und nach untermixen und das Dressing mit Johannisbeergelee abschmecken. Passt zu allen grünen Salaten, z. B. Feld- und Romanasalat.

Nährwerte pro Portion:
100 kcal • 0 g Eiweiß • 10 g Fett • 2 g Kohlenhydrate

Italienisches Dressing

FÜR 4 PERSONEN
1 Knoblauchzehe
weißer Pfeffer, Jodsalz
2 EL Aceto balsamico
3 EL Olivenöl
1 TL mittelscharfer Senf
1 TL flüssiger Honig
Je 1/4 TL gehackter TK-Oregano und gehacktes TK-Basilikum

Zubereitung: ca. 5 Min.

1. Die Knoblauchzehe schälen und fein hacken. Die Knoblauchstückchen mit einem Messerrücken leicht anpressen und mit Pfeffer, Jodsalz, Essig, Olivenöl, Senf und Honig verrühren.

2. Oregano und Basilikum unter das Dressing rühren. Dieses passt gut zu Tomaten- oder Gurkensalat und zu Rohkostsalaten aus Möhren und Kohlrabi.

Nährwerte pro Portion:
80 kcal • 0 g Eiweiß • 8 g Fett • 3 g Kohlenhydrate

Ab dem 13. Monat – Salate, Suppen und Saucen

Party-Eisbergsalat

FÜR 4 PERSONEN
1/2 Eisbergsalat
1/2 Salatgurke
1 Fleischtomate
2 Frühlingszwiebeln
1 Dose Mais
(280 g Abtropfgewicht)
1 Rezept Ketchup-Senf-Dressing
(s. S. 72)

Zubereitung: ca. 15 Min.

1. Den Salat in seine einzelnen Blätter zerteilen, diese putzen, waschen, trocken schleudern und klein zupfen.

2. Die Gurke schälen und in Würfel schneiden. Die Tomate waschen und ohne Stielansatz ebenfalls würfeln. Die Frühlingszwiebeln putzen, waschen und in Ringe schneiden. Den Mais abtropfen lassen.

3. Die vorbereiteten Zutaten in einer großen Salatschüssel mit dem Dressing gut vermischen.

INFO

Eisbergsalat lässt sich gut im Gemüsefach des Kühlschranks bis zu 2 Wochen aufbewahren und ist vielseitig verwendbar, wie z. B. als Salatauflage für Hamburger und Sandwiches.

Nährwerte pro Portion:
155 kcal • 4 g Eiweiß • 7 g Fett • 19 g Kohlenhydrate

Feldsalatmix mit Pinienkernen

FÜR 4 PERSONEN
500 g Feldsalat
2 große Orangen
1 Avocado
150 g Pinienkerne
1 Rezept Paprika-Orangen-Dressing (s. S. 72) oder Balsamico-Dressing (s. S. 73)

Zubereitung: ca. 25 Min.

1. Den Feldsalat verlesen, putzen, waschen und trocken schleudern. Von den Orangen die Schale samt der weißen Haut mit einem scharfen Messer abschneiden und die Fruchtfilets vorsichtig aus den Trennhäuten herauslösen.

2. Avocado halbieren und den Stein entfernen. Mit einem Teelöffel das Fruchtfleisch aus der Schale lösen und in mundgerechte Stücke schneiden. Anschließend vorsichtig mit dem Salat und den Orangenfilets auf vier Tellern anrichten.

3. Die Pinienkerne in einer Pfanne ohne Fett goldbraun rösten. Sofort auf einen Teller schütten, erkalten lassen und auf den Salat streuen. Den Salat mit einem der beiden angegebenen Dressings beträufeln und sofort servieren.

TIPP

Durch die Zubereitung der Avocado mit den Orangenfilets wird die Avocado nicht so schnell braun.

Nährwerte pro Portion:
465 kcal • 9 g Eiweiß • 42 g Fett • 13 g Kohlenhydrate

Ab dem 13. Monat – Salate, Suppen und Saucen

Apfel-Möhren-Salat

FÜR 2 PERSONEN
2 EL Rapsöl
3–4 EL frisch gepresster Zitronensaft
4 EL Apfelsaft
Pfeffer, Jodsalz
2 mittelgroße Möhren
2 Äpfel

Zubereitung: ca. 15 Min.

1. Öl, Zitronen- und Apfelsaft in einem Schüttelbecher miteinander vermengen und mit Pfeffer und Jodsalz abschmecken.

2. Möhren putzen, schälen und fein raspeln. Die Äpfel waschen, vierteln und ohne die Kerngehäuse etwas gröber als die Möhren raspeln. Möhren- und Apfelraspel zügig in einer Schüssel mit dem Dressing mischen, da der Apfel sonst braun wird.

TIPP

Wenn der Möhrensalat zu trocken ist, lassen Sie ihn zunächst abgedeckt etwas stehen, damit er Wasser ziehen kann. Reicht diese Flüssigkeit nicht aus, können Sie noch etwas Apfel- oder Zitronensaft dazugeben.

Nährwerte pro Portion:
185 kcal • 1 g Eiweiß • 11 g Fett • 20 g Kohlenhydrate

Zucchinisalat mit Möhren und Tomaten

FÜR 4 PERSONEN
2 EL Obstessig
2 EL Hafersahne
1 TL mittelscharfer Senf
1/2 TL flüssiger Honig
Pfeffer, Jodsalz
1 Knoblauchzehe
1 kleine Zwiebel
1–2 EL Sonnenblumenöl
1/2 Bund Petersilie
200 g Zucchini
100 g Möhren
je 1/2 rote und grüne Paprikaschote
150 g Kirschtomaten

Zubereitung: ca. 15 Min.
Marinierzeit: ca. 10 Min.

1. In einer großen Salatschüssel den Essig mit Hafersahne, Senf und Honig verrühren und das Dressing mit Pfeffer und Jodsalz abschmecken.

2. Den Knoblauch schälen, klein schneiden und mit einem Messerrücken zerdrücken. Die Zwiebel schälen und fein würfeln. Beides zusammen mit dem Sonnenblumenöl zum Dressing geben und unterrühren.

3. Die Petersilie waschen und trocken schütteln. Die Blättchen abzupfen, sehr fein hacken und unter das Dressing mischen.

4. Die Zucchini waschen, putzen und in dünne Scheiben schneiden. Die Möhren putzen, schälen und in hauchdünne Scheiben schneiden. Die Paprikaschoten putzen, waschen und in schmale Streifen schneiden. Die Tomaten waschen und halbieren.

5. Das vorbereitete Gemüse zum Dressing geben und vorsichtig unterheben. Den Salat ca. 10 Min. durchziehen lassen, dann nochmals abschmecken.

Nährwerte pro Portion:
80 kcal • 2 g Eiweiß • 5 g Fett • 6 g Kohlenhydrate

Ab dem 13. Monat – Salate, Suppen und Saucen

Lachssalat mit Tomaten und Mais

FÜR 3–4 PERSONEN
125 g Tomaten
1 kleine Dose Mais
(140 g Abtropfgewicht)
150 g Stremellachs
1 kleine Zwiebel
1 Bund Basilikum
3 EL Rapsöl
2 EL Aceto balsamico bianco
1 TL mittelscharfer Senf
Pfeffer, Jodsalz
Zucker

Zubereitung: ca. 20 Min.
Marinierzeit: ca. 30 Min.

1. Die Tomaten waschen, halbieren, ohne Stielansätze achteln und in eine Salatschüssel geben. Den Mais abtropfen lassen und zu den Tomatenachteln geben. Den Lachs in mundgerechte Stücke schneiden und ebenfalls vorsichtig unter das Gemüse heben.

2. Die Zwiebel schälen und sehr fein würfeln. Das Basilikum waschen, trocken schütteln, die Blätter abzupfen und diese fein hacken. Basilikum und Zwiebel zum Salat geben.

3. Rapsöl, Essig, Senf, Pfeffer, Jodsalz und 1 Prise Zucker miteinander verrühren. Das Dressing unter den Salat mischen und diesen ca. 30 Min. durchziehen lassen, anschließend bei Bedarf noch einmal nachwürzen.

Bei 4 Personen Nährwerte pro Portion:
230 kcal • 13 g Eiweiß • 15 g Fett • 9 g Kohlenhydrate

Thunfisch-Reis-Salat

FÜR 4–6 PERSONEN
3 EL Aceto balsamico
2 EL Olivenöl
Saft von 1/2 Zitrone
weißer Pfeffer, Jodsalz
1 Bund Kerbel
200 g Vollkornreis
400 ml verträgliche Instant-Gemüsebrühe
1 Zwiebel
je 1 gelbe und rote Paprikaschote
1 Dose Thunfisch in Öl
(150 g Abtropfgewicht)

Zubereitung: ca. 1 Std.

1. In einer Salatschüssel Essig und Olivenöl mischen und das Dressing mit dem Zitronensaft sowie Pfeffer und Jodsalz abschmecken. Den Kerbel waschen und trocken tupfen. Die Blättchen fein hacken und unter das Dressing rühren.

2. In einem Topf den Vollkornreis zusammen mit der Gemüsebrühe zum Kochen bringen. Dann die Herdplatte ausschalten und den Reis zugedeckt in ca. 40 Min. fertig garen lassen. Anschließend abkühlen lassen und zum Dressing in die Salatschüssel geben.

3. Während der Reis gart, die Zwiebel schälen und fein würfeln. Die Paprikaschoten halbieren, putzen, waschen und ebenfalls in kleine Würfel schneiden. Den Thunfisch abtropfen lassen, mit einer Gabel zerpflücken und mit Zwiebel- und Paprikawürfeln unter den Reis mischen.

Bei 6 Personen Nährwerte pro Portion:
195 kcal • 10 g Eiweiß • 5 g Fett • 27 g Kohlenhydrate

Ab dem 13. Monat – Salate, Suppen und Saucen

Kohlrabi-Petersilien-Suppe mit Klößchen

FÜR 4 PERSONEN

Für die Suppe
2 Zwiebeln
2 mehligkochende Kartoffeln
3 mittelgroße Kohlrabi
1–2 EL Öl
250 ml Reisdrink plus Calcium
500 ml verträgliche Instant-Gemüsebrühe
Pfeffer, Jodsalz
frisch geriebene Muskatnuss
Saft von 1 Zitrone

Für die Klößchen
1 Bund Petersilie
200 g Mett

Zubereitung: ca. 1 Std.

1. Für die Suppe die Zwiebeln schälen und fein würfeln. Kartoffeln und Kohlrabi waschen, putzen, schälen und in kleine Würfel schneiden.

2. Das Öl in einem Topf erhitzen und die Kohlrabi- und Kartoffelwürfel darin unter Rühren kurz andünsten. Die Zwiebeln zugeben und glasig dünsten.

3. Reisdrink und Brühe angießen. Die Suppe zugedeckt ca. 10 Min. bei mittlerer Hitze köcheln lassen, dann nach Belieben fein pürieren. Die Suppe mit Pfeffer, Jodsalz, Muskat und Zitronensaft abschmecken.

4. Die Petersilie waschen, trocken schütteln und die Blättchen fein hacken. Die Petersilie mit dem Mett verkneten. Aus der Mettmasse walnussgroße Klößchen formen. Die Mettklößchen in die Suppe geben und in ca. 10 Min. darin garziehen lassen. Die Suppe auf vier vorgewärmte tiefe Teller verteilen.

Nährwerte pro Portion:
255 kcal • 12 g Eiweiß • 15 g Fett • 18 g Kohlenhydrate

Schneesuppe

FÜR 3–4 PERSONEN

500 g Blumenkohl
200 ml verträgliche Instant-Gemüsebrühe
300 ml Haferdrink plus Calcium
Pfeffer, Jodsalz
2–5 EL Haferkleieflocken

Zubereitung: ca. 35 Min.

1. Den Blumenkohl waschen, putzen und in Röschen teilen. Zusammen mit der Brühe in einen Topf geben, aufkochen und zugedeckt bei schwacher Hitze ca. 15 Min. garen.

2. Den Haferdrink dazugeben, die Suppe mit dem Stabmixer cremig pürieren und mit Pfeffer und Jodsalz abschmecken. Nach Geschmack die Suppe mit Haferkleieflocken andicken – manche Kinder mögen sie lieber dick-, andere eher dünnflüssiger – und kurz quellen lassen.

INFO

Wegen des süßlichen Geschmacks des Blumenkohls und des Haferdrinks essen auch die Kleinsten diese Suppe gerne. Werden nur die Röschen verwendet, ist diese Suppe besonders bekömmlich.

Bei 4 Personen Nährwerte pro Portion:
75 kcal • 4 g Eiweiß • 2 g Fett • 9 g Kohlenhydrate

Ab dem 13. Monat – Salate, Suppen und Saucen

Rote-Linsen-Suppe

FÜR 5 PERSONEN

1 Zwiebel
2 Knoblauchzehen
1 walnussgroßes Stück frischer Ingwer (ca. 3 cm)
2 Stangen Staudensellerie
200 g Möhren
2 EL Rapsöl
2 TL Currypulver
200 g rote Linsen
1 TL getrocknete italienische Kräuter
1 TL gemahlene Kurkuma
Pfeffer, Jodsalz, Zucker
600 ml verträgliche Instant-Gemüsebrühe
400 ml Kokosdrink (aus der Dose)
1 EL Zitronensaft

Zubereitung: ca. 45 Min.

1. Zwiebel, Knoblauch und Ingwer schälen und klein würfeln. Staudensellerie waschen und putzen, Möhren putzen und schälen, anschließend beides in Würfel schneiden.

2. Das Öl in einem Topf erhitzen, Zwiebel darin glasig dünsten, Knoblauch, Ingwer und Currypulver dazugeben und ca. 1 Min. mitdünsten.

3. Die Linsen in einem Sieb mit Wasser gut ausspülen, abtropfen lassen, dann mit den Möhren und dem Sellerie in den Topf geben. Die Linsen mit Kräutern, Kurkuma, Pfeffer, Jodsalz und 1 Prise Zucker würzen. Gemüsebrühe und Kokosdrink angießen und kurz aufkochen lassen. Die Suppe ca. 20 Min. zugedeckt bei schwacher Hitze köcheln lassen, bis das Gemüse und die Linsen weich sind.

4. Suppe mit dem Stabmixer pürieren, mit Zitronensaft und bei Bedarf nochmals mit Pfeffer und Jodsalz abschmecken.

Nährwerte pro Portion:

190 kcal • 10 g Eiweiß • 5 g Fett • 23 g Kohlenhydrate

Gemüsesuppe mit Würstchen

FÜR 4 PERSONEN

2 Stangen Lauch
200 g Möhren
1 l verträgliche Instant-Gemüsebrühe
100 g Maisnudeln (z. B. Spirelli von Alnavit)
4 milch- und weizenfreie Wiener Würstchen
Pfeffer, Jodsalz (nach Bedarf)
1 Pck. gehackte gemischte TK-Kräuter (25 g)

Zubereitung: ca. 30 Min.

1. Den Lauch putzen, waschen und in ca. 1 cm dicke Ringe schneiden. Die Möhren putzen, schälen und würfeln.

2. Die Brühe in einem Topf zum Kochen bringen, Lauch und Möhren dazugeben, aufkochen und bei schwacher Hitze ca. 2 Min. kochen lassen.

3. Dann die Nudeln dazugeben und nach Packungsangabe in der Suppe bissfest kochen. Die Wiener Würstchen in dünne Scheiben schneiden, diese in die Suppe geben und in ca. 2 Min. darin erhitzen.

4. Die Suppe bei Bedarf mit Pfeffer und Jodsalz nachwürzen. Die Kräuter unterrühren, die Suppe etwas ziehen lassen, dann servieren.

TIPP

Statt mit Würstchen schmeckt die Suppe auch mit den Hackbällchen von Seite 96. Diese dann ohne Paprikasauce zubereiten.

Nährwerte pro Portion:

425 kcal • 15 g Eiweiß • 30 g Fett • 23 g Kohlenhydrate

Ab dem 13. Monat – Salate, Suppen und Saucen

Räubersuppe

FÜR 4 PERSONEN
1 Zwiebel
1 Knoblauchzehe
1 rote Paprikaschote
1 EL Rapsöl
500 g Rinderhackfleisch
1 Dose Kidneybohnen (410 g Abtropfgewicht)
6–7 EL verträglicher Ketchup
500 ml verträgliche Instant-Gemüsebrühe
Pfeffer, Jodsalz
Zucker (nach Belieben)

Zubereitung: ca. 20 Min.

1. Zwiebel und Knoblauch schälen und klein würfeln. Die Paprikaschote halbieren, putzen, waschen und ebenfalls in kleine Würfel schneiden.

2. Das Öl in einem Topf erhitzen und die Zwiebel und das Hackfleisch darin anbraten. Das Hackfleisch dabei mit einer Gabel zerbröseln.

3. Die Kidneybohnen, Paprikawürfel, 6 EL Ketchup sowie den Knoblauch zugeben und die Brühe angießen. Die Suppe aufkochen lassen und mit Pfeffer, Jodsalz und eventuell etwas Zucker und Ketchup abschmecken.

TIPPS

Zur deftigen Suppe passt weizenfreies Weißbrot, z. B. Ciabatta von Proceli.
Für eine Party mit vielen Gästen die Suppenmenge einfach vervielfachen.

Nährwerte pro Portion:
430 kcal • 36 g Eiweiß • 21 g Fett • 24 g Kohlenhydrate

Kürbissuppe mit Kokossahne

FÜR 4–6 PERSONEN
1 mittelgroßer Hokkaidokürbis (ca. 800 g)
2 Zwiebeln
1 Knoblauchzehe
300 g Kartoffeln
300 g Möhren
40 g milchfreie Margarine
1,3 l verträgliche Instant-Gemüsebrühe
Pfeffer, Jodsalz
frisch geriebene Muskatnuss
1–2 TL verträgliche gekörnte Gemüsebrühe
2 EL gehackte TK-Petersilie
1 1/2 EL Kokossahne

Zubereitung: ca. 40 Min.

1. Den Kürbis waschen, putzen, halbieren, die Kerne und Fasern entfernen und das Fruchtfleisch in grobe Stücke schneiden. Hokkaidokürbisse müssen nicht geschält werden. Zwiebeln und Knoblauch schälen, Kartoffeln und Möhren putzen und schälen, alle vier Zutaten in grobe Stücke schneiden.

2. Die Margarine in einem Topf erhitzen und die Zwiebeln darin glasig dünsten. Anschließend die Kürbiswürfel, Knoblauch, Kartoffeln und Möhren zugeben und kurz mit anbraten.

3. Die Brühe zugießen und die Suppe ca. 20 Min. bei schwacher Hitze zugedeckt köcheln lassen. Wenn das Gemüse weich ist, die Suppe mit dem Stabmixer fein pürieren und mit Pfeffer, Jodsalz, Muskat und bei Bedarf mit gekörnter Gemüsebrühe abschmecken. Die Suppe in eine Suppenschüssel füllen, Petersilie unterrühren und die Kokossahne in die Mitte geben.

Bei 6 Personen Nährwerte pro Portion:
135 kcal • 3 g Eiweiß • 6 g Fett • 15 g Kohlenhydrate

Ab dem 13. Monat – Salate, Suppen und Saucen

Hexenkessel

FÜR 4 PERSONEN
500 g festkochende Kartoffeln
200 g Möhren
200 g Blumenkohl
1,5 l **Hühnerbrühe** (selbst gemacht (s. Tipp) oder verträgliches Fertigprodukt)
50 g getrocknetes Suppengrün
200 g Lauch
500 g Putenbrustfilet
Pfeffer, Jodsalz
frisch geriebene Muskatnuss

Zubereitung: ca. 30 Min.

1. Die Kartoffeln waschen, schälen und in dünne Scheiben schneiden. Die Möhren putzen, schälen und ebenfalls in dünne Scheiben schneiden. Den Blumenkohl waschen, putzen und in Röschen teilen.

2. Das vorbereitete Gemüse mit der Hühnerbrühe und dem Suppengrün in einem großen Topf langsam zum Kochen bringen und bei mittlerer Hitze ca. 10 Min. zugedeckt garen.

3. Inzwischen den Lauch putzen, waschen, in dünne Ringe schneiden, zur Suppe geben und ca. 5 Min. mitgaren. Die Putenbrust kalt abspülen, trocken tupfen und in kleine Stücke schneiden. Ebenfalls in die Suppe geben und darin ca. 5 Min. ziehen lassen. Die Suppe mit Pfeffer, Jodsalz und Muskat abschmecken.

> **TIPP**
>
> Für eine selbst gemachte Hühnerbrühe für 4 Personen 1 Suppenhuhn kalt abspülen und mit Küchenpapier trocken tupfen. 50 g Möhren putzen, schälen und in ca. 2 cm große Würfel schneiden. 50 g Petersilienwurzel waschen (nur schälen, wenn die Schale Flecken hat) und in fingerdicke Scheiben schneiden. 2 Bund Frühlingszwiebeln putzen, waschen, dann in 4–5 cm lange Stücke schneiden. Je 1 Bund Dill und Petersilie waschen, trocken schütteln und grob zerkleinern. Das Huhn, das vorbereitete Gemüse und die Kräuter in einen großen Topf geben. 2,5 l Wasser angießen, zum Kochen bringen und 90–120 Min. bei schwacher Hitze offen köcheln lassen. Dabei gelegentlich den entstehenden Schaum mit einer Schaumkelle abschöpfen. Am Ende der Garzeit das Hähnchen herausnehmen. Die Hühnerbrühe durch ein Sieb in einen zweiten Topf gießen und mit Pfeffer, Jodsalz und Knoblauchpulver würzen.

Nährwerte pro Portion:
240 kcal • **35 g** Eiweiß • **2 g** Fett • **21 g** Kohlenhydrate

Ab dem 13. Monat – Salate, Suppen und Saucen

Tomatensauce

FÜR 4 PERSONEN

600 g Tomaten
100 g Zwiebeln
1 Knoblauchzehe
30 g milchfreie Margarine
1 EL Tomatenmark
je 1/2–1 TL getrockneter Oregano und getrocknetes Basilikum
Pfeffer, Jodsalz

Zubereitung: ca. 25 Min.

1. Die Tomaten kreuzweise einschneiden, mit heißem Wasser überbrühen, kurz darin ziehen lassen, dann häuten und ohne die Stielansätze würfeln.

2. Die Zwiebeln und den Knoblauch schälen und fein hacken. Die Margarine in einer Pfanne erhitzen und die Zwiebeln darin bei mittlerer Hitze glasig dünsten. Nun den Knoblauch, die Tomatenwürfel und das Tomatenmark dazugeben.

3. Die Sauce aufkochen lassen und mit den Kräutern, Pfeffer und Jodsalz abschmecken. Die Allround-Sauce schmeckt zu Bratlingen und Nudeln, aber auch als Pizzasauce, in einer Lasagne und zu gefüllten Zucchini.

Nährwerte pro Portion:
90 kcal • 2 g Eiweiß • 6 g Fett • 5 g Kohlenhydrate

Hackfleischsauce

FÜR 4 PERSONEN

2 Frühlingszwiebeln
1 kleiner Zucchino
1 Knoblauchzehe
2 mittelgroße Tomaten
2 EL Olivenöl
500 g gemischtes Hackfleisch
Pfeffer, Jodsalz
1/2 TL edelsüßes Paprikapulver
150 ml verträgliche Instant-Gemüsebrühe
100 g Tomatenmark

Zubereitung: ca. 40 Min.

1. Frühlingszwiebeln putzen, waschen und in Ringe schneiden. Den Zucchino waschen, putzen, längs halbieren und quer in Scheiben schneiden. Den Knoblauch schälen und fein würfeln. Tomaten waschen und ohne Stielansätze klein würfeln.

2. Das Olivenöl in einer Pfanne erhitzen und das Hackfleisch darin krümelig anbraten. Den Knoblauch zufügen und das Fleisch mit Pfeffer, Jodsalz und dem Paprikapulver würzen.

3. Die Frühlingszwiebeln und Zucchinoscheiben zum Hackfleisch geben, die Brühe angießen und die Sauce bei mittlerer Hitze zugedeckt ca. 10 Min. köcheln lassen. Die Tomaten zugeben und gut unterrühren. Die Sauce weitere 10 Min. köcheln lassen, bis das Gemüse weich ist, dann mit dem Tomatenmark etwas andicken.

TIPP

Wer mag, kann anstelle des Zucchinos auch 1 rote oder gelbe Paprikaschote zur Sauce geben.

Nährwerte pro Portion:
395 kcal • 27 g Eiweiß • 30 g Fett • 4 g Kohlenhydrate

Kokossauce

FÜR 3–4 PERSONEN

1 Zwiebel
1 Knoblauchzehe
25 g milchfreie Margarine
1 Dose Kokosdrink (400 ml)
1 walnussgroßes Stück frischer Ingwer
1 TL gemahlene Kurkuma
1/2 Zimtstange, Pfeffer, Jodsalz

Zubereitung: ca. 20 Min.

1. Die Zwiebel und den Knoblauch schälen und sehr fein würfeln. In einer Pfanne die Margarine erhitzen und Zwiebel und Knoblauch darin glasig dünsten. Den Kokosdrink angießen und kräftig aufkochen.

2. Den Ingwer schälen, fein reiben und mit Kurkuma und der Zimtstange zur Sauce geben.

Diese mit Pfeffer und Jodsalz abschmecken. Zimtstange vor dem Servieren entfernen. Die Sauce passt gut zu Paprika, Zucchini, Geflügel und Fisch.

Bei 4 Personen Nährwerte pro Portion:
75 kcal • 0 g Eiweiß • 5 g Fett • 6 g Kohlenhydrate

Brokkolisauce

FÜR 3–4 PERSONEN

1 kleine Zwiebel
500 g Brokkoli
1 EL Rapsöl
1 TL verträgliche gekörnte Gemüsebrühe
400 ml Haferdrink plus Calcium
Pfeffer, Jodsalz
1–2 EL Instant-Haferflocken

Zubereitung: ca. 35 Min.

1. Zwiebel schälen und fein würfeln. Brokkoli waschen, putzen und in Röschen teilen. In einem Topf das Öl erhitzen und die Zwiebel darin glasig dünsten. Die Brokkoliröschen mit 1 Tasse Wasser und der Gemüsebrühe dazugeben und aufkochen. Dann zugedeckt ca. 8 Min. kochen lassen.

2. Den Haferdrink angießen, die Sauce weitere 10 Min. köcheln lassen, dann fein pürieren und mit Pfeffer und Jodsalz abschmecken. Wenn die Sauce zu dünnflüssig ist, kann sie mit Instant-Haferflocken noch angedickt werden. Die Sauce passt besonders gut zu Nudeln.

Bei 4 Personen Nährwerte pro Portion:
105 kcal • 4 g Eiweiß • 4 g Fett • 11 g Kohlenhydrate

Erbsensauce

FÜR 3–4 PERSONEN

1 kleine Zwiebel
1 EL Rapsöl
100 ml verträgliche Instant-Gemüsebrühe
100 ml Reisdrink plus Calcium
300 g TK-Erbsen
Pfeffer, Jodsalz
1 Aprikose

Zubereitung: ca. 30 Min.

1. Zwiebel schälen und klein würfeln. In einem Topf das Öl erhitzen und die Zwiebel darin glasig dünsten. Die Brühe und den Reisdrink angießen. Die Erbsen zugeben und die Sauce bei schwacher Hitze zugedeckt ca. 10 Min. köcheln lassen.

2. Die Sauce fein pürieren, pfeffern und salzen. Die Aprikose waschen, halbieren, entkernen und klein würfeln. Die Aprikosenwürfel kurz vor dem Servieren unter die Sauce rühren oder als Farbtupfer nach dem Anrichten aufstreuen. Die Sauce passt zu Fisch und Kartoffeln.

Bei 4 Personen Nährwerte pro Portion:

110 kcal • 6 g Eiweiß • 3 g Fett • 14 g Kohlenhydrate

Möhrensauce

FÜR 3–4 PERSONEN

1 Möhre
1 EL Rapsöl
125 ml Möhrensaft
125 ml verträgliche Instant-Gemüsebrühe
1–2 EL Mandeldrink
1/2 Bund Petersilie
1 TL Currypulver, Pfeffer, Jodsalz

Zubereitung: ca. 15 Min.

1. Die Möhre putzen, schälen und würfeln. In einem Topf das Öl erhitzen und die Möhrenwürfel darin andünsten. Mit dem Möhrensaft und der Brühe ablöschen und ca. 8 Min. garen. Den Mandeldrink zugeben.

2. Die Petersilie waschen, trocken schütteln, die Blättchen abzupfen, sehr fein hacken und zur Sauce geben. Diese sollte jetzt nicht mehr kochen. Die Sauce nach Belieben pürieren und mit Curry, Pfeffer und Jodsalz abschmecken. Sie passt zu Fleisch und Nudeln.

Bei 4 Personen Nährwerte pro Portion:

40 kcal • 1 g Eiweiß • 3 g Fett • 3 g Kohlenhydrate

Tomatensalsa

FÜR 4 PERSONEN
2 mittelgroße Tomaten
25 g Cashewkerne
75 g getrocknete Tomaten in Öl (aus dem Glas)
1 Handvoll Basilikumblätter
2 Knoblauchzehen, 4 EL Olivenöl
1 EL Aceto balsamico bianco
Pfeffer, Jodsalz
Zubereitung: ca. 15 Min.

1. Die Tomaten kreuzweise einschneiden, mit heißem Wasser überbrühen, häuten und ohne Stielansätze grob würfeln. Die Cashewkerne in einem Mixbecher mit dem Stabmixer fein mahlen. Getrocknete Tomaten dazugeben und so lange mitpürieren, bis eine cremige Masse entsteht.

2. Basilikum waschen und trocken tupfen, Knoblauch schälen. Beides mit den Tomaten zur Nussmasse geben. Alles noch einmal pürieren. Öl und Essig dazugeben und die Salsa pfeffern und salzen. Sollte sie noch zu fest sein, etwas (Nudelkoch-)wasser zufügen. Schmeckt zu glutenfreier Pasta.

Nährwerte pro Portion:
155 kcal • 2 g Eiweiß • 14 g Fett • 4 g Kohlenhydrate

Parmesanersatz

FÜR 10 EL
30 g Mandeln
60 g Hefeflocken (z. B. von Vitam)
Zubereitung: ca. 10 Min.

1. Die Mandeln in einer Pfanne ohne Fett rösten, bis sie anfangen zu duften. Dann aus der Pfanne nehmen und im Blitzhacker fein mahlen.

2. Mandeln und Hefeflocken in eine Schüssel geben und so lange pürieren, bis eine bröselige Masse entstanden ist.

INFO

Mandeln sind ein guter Nährstofflieferant, denn sie enthalten z. B. mehr Calcium, Magnesium und Kalium als Nüsse.

Nährwerte pro EL:
40 kcal • 3 g Eiweiß • 2 g Fett • 2 g Kohlenhydrate

Avocado-Pesto

FÜR 2 PERSONEN

1 reife Avocado
15 große Blätter Basilikum
2 Knoblauchzehen
15 g Pinienkerne
2–3 EL Olivenöl
2 EL Parmesanersatz (Rezept s. S. 92)
Pfeffer, Jodsalz

Zubereitung: ca. 15 Min.

1. Die Avocado halbieren, den Stein entfernen, das Fruchtfleisch aus der Schale lösen und in grobe Würfel schneiden. Das Basilikum waschen und trocken tupfen. Den Knoblauch schälen und grob hacken.

2. Avocado, Knoblauch, Basilikum und Pinienkerne in einen Mixbecher geben und mit dem Stabmixer fein pürieren. Öl und Parmesanersatz zugeben und untermixen. Das Pesto pfeffern, salzen und bei Bedarf noch mit etwas Nudelkochwasser verdünnen. Schmeckt zu glutenfreien Spaghetti oder Penne rigate.

Nährwerte pro Portion:

460 kcal • **7 g** Eiweiß • **45 g** Fett • **6 g** Kohlenhydrate

Basilikum-Pistou

FÜR 6–8 PERSONEN

25 g Petersilienblättchen
25 g Basilikumblätter
1 Zweig Rosmarin
5 Zweige Zitronenthymian
20 g Pinienkerne
100 ml Olivenöl
Pfeffer, Jodsalz
frisch geriebene Muskatnuss

Zubereitung: ca. 20 Min.

1. Petersilie, Basilikum, Rosmarin und Zitronenthymian waschen und trocken tupfen. Dann die Rosmarinnadeln und die Thymianblättchen von den Zweigen streifen.

2. Die Pinienkerne in einem Mixbecher mit einem Stabmixer zerkleinern. Die Kräuter dazugeben und mitpürieren.

3. Zum Schluss das Öl untermixen und die Sauce mit Pfeffer, Jodsalz und Muskat abschmecken. Passt am besten zu Buchweizen-Maccaroni, verträglichen Gnocchi oder Bandnudeln aus Kartoffen (z. B. von Farabella).

Bei 8 Personen Nährwerte pro Portion:

130 kcal • **0 g** Eiweiß • **14 g** Fett • **1 g** Kohlenhydrate

Ab dem 13. Monat – Hauptgerichte

Grün gestreifter Nudelauflauf

FÜR 4–6 PERSONEN
600 g TK-Blattspinat
400 g glutenfreie Spirelli (z. B. von Schär), Jodsalz, Pfeffer
frisch geriebene Muskatnuss
1 Knoblauchzehe
1 große Zwiebel, 2 EL Rapsöl
400 g gemischtes Hackfleisch
1/2 TL edelsüßes Paprikapulver
4 EL verträglicher Ketchup
60 g + 1 TL milchfreie Margarine
30 g Maismehl
500 ml verträgliche Instant-Gemüsebrühe
Außerdem: Auflaufform (ca. 35 × 25 cm)
Zubereitung: ca. 40 Min.
Backzeit: ca. 30 Min.

1. Spinat auftauen lassen. Nudeln in reichlich kochendem Salzwasser nach Packungsangabe bissfest garen, in ein Sieb abgießen und kalt abschrecken. Spinat ausdrücken, klein schneiden, in einer Schüssel mit Pfeffer, Jodsalz und Muskat kräftig würzen. Knoblauch schälen und zum Spinat pressen.

2. Backofen auf 200° vorheizen. Zwiebel schälen, klein würfeln. Öl in einer Pfanne erhitzen, Zwiebel darin glasig dünsten. Hackfleisch zugeben, krümelig braten, mit Pfeffer, Jodsalz, Paprikapulver und Ketchup würzen.

3. 60 g Margarine in einem Topf schmelzen, das Maismehl zugeben und bei mittlerer Hitze goldbraun werden lassen. Mit der Brühe ablöschen und diese kurz aufkochen lassen.

4. Die Form mit 1 TL Margarine fetten, ein Drittel der Nudeln, je die Hälfte des Hackfleisches und des Spinats einschichten. Die Hälfte der Sauce darübergießen. Das Ganze nochmals wiederholen, doch bevor die Sauce darübergegossen wird, noch das letzte Nudeldrittel zuoberst verteilen. Auflauf im heißen Ofen (Mitte) ca. 30 Min. backen.

> Bei 6 Personen Nährwerte pro Portion:
> 570 kcal • 20 g Eiweiß • 27 g Fett • 60 g Kohlenhydrate

Nudelauflauf mit Bolognese

FÜR 3–4 PERSONEN
240 g glutenfreie Bandnudeln
Jodsalz
2 kleine Zwiebeln
2 Knoblauchzehen
2–3 EL Rapsöl
250 g Rinderhackfleisch, Pfeffer
1 gestrichener TL edelsüßes Paprikapulver
750 g passierte Tomaten (aus der Dose)
1 TL getrockneter Thymian
150 ml Reisdrink plus Calcium
ca. 50 g glutenfreie Semmelbrösel
Außerdem: Auflaufform (ca. 35 × 25 cm); milchfreie Margarine für die Form
Zubereitung: ca. 40 Min.
Backzeit: ca. 30 Min.

1. Den Backofen auf 170° vorheizen. Die Bandnudeln nach Packungsangabe in reichlich kochendem Salzwasser bissfest garen. Anschließend in ein Sieb abgießen und kalt abschrecken.

2. Die Zwiebeln und den Knoblauch schälen und fein würfeln. 1 EL Öl in einer großen Pfanne erhitzen und Zwiebeln und Knoblauch darin glasig dünsten. Das Hackfleisch dazugeben, krümelig braten und mit Pfeffer, Jodsalz und Paprikapulver kräftig abschmecken. Die Tomaten und den Thymian dazugeben, die Sauce nochmals aufkochen und erneut abschmecken.

3. Die Form mit Margarine fetten. Nudeln und Sauce in die Form abwechselnd einschichten. Den Reisdrink darübergießen. Die Semmelbrösel mit dem restlichen Öl mischen und auf dem Auflauf verteilen. Diesen im heißen Backofen (Mitte) ca. 30 Min. goldbraun überbacken.

> Bei 4 Personen Nährwerte pro Portion:
> 530 kcal • 22 g Eiweiß • 18 g Fett • 60 g Kohlenhydrate

Ab dem 13. Monat – Hauptgerichte

Hackbällchen in Paprikasauce

FÜR 4 PERSONEN
1 große Zwiebel
Eiersatz für 1 Ei
250 g gemischtes Hackfleisch
2–3 EL blütenzarte Haferflocken
1 TL mittelscharfer Senf
Pfeffer, Jodsalz
1 gestrichener TL edelsüßes Paprikapulver
2 rote Paprikaschoten
1 EL Rapsöl
800 g passierte Tomaten (aus dem Tetrapak)
2 TL getrocknete italienische Kräuter

Zubereitung: ca. 40 Min.

1. Die Zwiebel schälen und sehr fein würfeln. Den Eiersatz nach Herstelleranweisung zubereiten. Die Hälfte der Zwiebelwürfel mit Hackfleisch, Haferflocken, Senf und Eiersatz verkneten. Den Fleischteig mit Pfeffer, Jodsalz und Paprika würzen und mit angefeuchteten Händen zu 16 kleinen Bällchen formen.

2. Die Paprikaschoten putzen, waschen und fein würfeln. Das Öl in einem großen Topf erhitzen, restliche Zwiebelwürfel darin glasig dünsten, dann aus dem Topf nehmen. Dafür die Hackbällchen in den Topf geben und rundherum anbraten. Paprikawürfel dazugeben und kurz bei mittlerer Hitze mitbraten.

3. Die passierten Tomaten, die Kräuter und die angebratenen Zwiebelwürfel zufügen. Die Sauce zugedeckt bei schwacher Hitze ca. 10 Min. köcheln lassen, dann mit Pfeffer und Jodsalz würzen. Die Sauce mit 400 g bissfest gegarten weizen- und eifreien Spaghetti (z. B. von Schär) servieren.

Nährwerte pro Portion:
275 kcal • 18 g Eiweiß • 17 g Fett • 13 g Kohlenhydrate

Putengeschnetzeltes mit grünem Spargel

FÜR 4 PERSONEN
1 mittelgroße Zwiebel
500 g grüner Spargel
150 g Zuckerschoten
Jodsalz
150 g Kirschtomaten
500 g Putenschnitzel
3 EL Rapsöl
Pfeffer
Saft und abgeriebene Schale von 1 Bio-Zitrone
40 g gemahlene Mandeln

Zubereitung: ca. 50 Min.

1. Die Zwiebel schälen und fein würfeln. Den Spargel waschen, die holzigen Enden abschneiden und die Spargelstangen in ca. 5 cm lange Stücke schneiden. Die Zuckerschoten waschen und putzen. Spargel und Zuckerschoten in reichlich kochendem, leicht gesalzenem Wasser zugedeckt ca. 5 Min. garen. Dann in ein Sieb abgießen und abtropfen lassen, dabei 500 ml Kochwasser auffangen.

2. Die Tomaten waschen und halbieren. Die Schnitzel kalt abspülen, trocken tupfen und in daumendicke Würfel schneiden.

3. In einer Pfanne das Öl erhitzen und die Putenwürfel darin unter Wenden kräftig anbraten. Salzen, pfeffern und herausnehmen. Nun Zwiebel und Tomaten im heißen Bratfett andünsten. Die Zitronenschale zufügen und die Mandeln darüberstreuen.

4. Das aufgefangene Gemüsekochwasser angießen, aufkochen und ca. 5 Min. köcheln lassen. Gemüse und Fleisch in die Sauce geben und darin erhitzen. Dann die Sauce mit Pfeffer, Jodsalz und 2–3 EL Zitronensaft abschmecken und mit Kartoffelbrei oder Reis servieren.

Nährwerte pro Portion:
300 kcal • 36 g Eiweiß • 15 g Fett • 6 g Kohlenhydrate

Ab dem 13. Monat – Hauptgerichte

Rotbarsch mit Kokos-Curry-Sauce

FÜR 4 PERSONEN

4 TK-Rotbarschfilets (à 150 g)
Saft von 1/2 Zitrone
1 Stück frischer Ingwer (ca. 30 g)
1 Bund Frühlingszwiebeln
400 ml Kokosdrink (aus der Dose)
1 TL mildes Currypulver
1 gestrichener TL gemahlene Kurkuma
Pfeffer, Jodsalz
Außerdem: 12 Blättchen frische Minze zum Garnieren

Zubereitung: ca. 35 Min.

1. Die Fischfilets antauen lassen, kalt abspülen, trocken tupfen und von beiden Seiten mit dem Zitronensaft beträufeln. 10–15 Min. säuern lassen.

2. Inzwischen den Ingwer schälen und fein hacken. Die Frühlingszwiebeln putzen, waschen und in dünne Ringe schneiden.

3. Kokosdrink im Wok oder einer breiten Pfanne erhitzen. Ingwer, Frühlingszwiebeln sowie die Fischfilets dazugeben und darin 6–8 Min. bei mittlerer Hitze garen. Fischfilets herausnehmen, abgedeckt warm stellen.

4. Die Sauce etwas einkochen lassen und mit Curry, Kurkuma, Pfeffer und Jodsalz würzen. Den Fisch auf vier Teller verteilen und mit der Sauce übergießen. Die Minze waschen, trocken tupfen und den Fisch damit garnieren. Dazu passt Naturreis.

Nährwerte pro Portion:

195 kcal • 28 g Eiweiß • 6 g Fett • 7 g Kohlenhydrate

Seelachs auf Fenchelgemüse

FÜR 3 PERSONEN

500 g Seelachsfilets
Saft von 1 Zitrone
600 g Fenchel
200 g Suppengemüse (Möhre, Lauch, Sellerie)
3 EL Rapsöl
250 ml verträgliche Instant-Gemüsebrühe
Jodsalz, Pfeffer

Zubereitung: ca. 40 Min.

1. Die Seelachsfilets kalt abspülen, trocken tupfen und in ca. 3 × 3 cm große Stücke schneiden. Diese mit dem Zitronensaft beträufeln. Dann ca. 15 Min. säuern lassen.

2. In der Zwischenzeit den Fenchel putzen und waschen. Das Fenchelgrün sehr fein hacken und beiseitestellen. Die Fenchelknolle in dünne Streifen schneiden. Das Suppengemüse waschen oder bei Bedarf schälen, putzen und ebenfalls in feine Streifen schneiden.

3. Das Öl in einer Pfanne erhitzen und das Gemüse bis auf das Fenchelgrün darin unter gelegentlichem Rühren andünsten. Nach ca. 5 Min. die Gemüsebrühe angießen und alles kurz weiterdünsten.

4. Die Fischwürfel salzen, auf das Gemüse legen und ca. 20 Min. zugedeckt bei schwacher Hitze gar ziehen lassen. Fisch und Gemüse mit Pfeffer und Jodsalz abschmecken. Kurz vor dem Servieren das Fenchelgrün über den Fisch streuen.

Nährwerte pro Portion:

280 kcal • 34 g Eiweiß • 12 g Fett • 7 g Kohlenhydrate

Ab dem 13. Monat – Hauptgerichte

Fischstäbchen

FÜR 4 PERSONEN
4 Seelachsfilets (à 200 g)
4 EL Zitronensaft
Jodsalz, Pfeffer
8 EL verträgliches Mehl
Eiersatz für 2 Eier
100 g weizenfreie Cornflakes
6 EL Instant-Haferflocken
90 g milchfreie Margarine

Zubereitung: ca. 40 Min.

UND DAZU?

Für Rotes Risotto für 4 Personen zum panierten Fisch 1 Zwiebel schälen und fein würfeln. In einem Topf 1 EL Olivenöl erhitzen und 250 g Risottoreis darin unter ständigem Rühren glasig dünsten. Zwiebel dazugeben und mitdünsten. 700 ml passierte Tomaten angießen und zum Kochen bringen. 500 ml Gemüsebrühe dazugießen und einkochen lassen. Erst mit weiteren 500 ml Gemüsebrühe nach und nach auffüllen, wenn alle Flüssigkeit aufgesogen ist. Das Risotto soll cremig sein, aber noch leichten Biss haben. Mit Pfeffer, Jodsalz und edelsüßem Paprikapulver abschmecken.

1. Die Fischfilets waschen, trocken tupfen, eventuell vorhandene Gräten entfernen und die Filets quer in Streifen schneiden. Die Fischstäbchen mit dem Zitronensaft beträufeln, salzen, ca. 10 Min. säuern lassen und anschließend pfeffern.

2. Das Mehl auf einen Teller geben, Eiersatz nach Herstelleranweisung zubereiten und in einen tiefen Teller geben. Cornflakes zerbröseln und auf einem dritten Teller mit den Haferflocken mischen. Die Fischfilets von beiden Seiten im Mehl wenden, durch den Eiersatz ziehen und von beiden Seiten in der Cornflakes-Mischung wenden.

3. In einer Pfanne die Margarine erhitzen und die Fischstäbchen darin bei mittlerer Hitze portionsweise von beiden Seiten in ca. 6 Min. goldbraun braten. Einen Backofenrost mit Küchenpapier belegen und die Fischstäbchen darauf kurz abtropfen lassen. Dazu passt Kartoffelsalat oder Rotes Risotto (s. »Und dazu?« links).

VARIANTE

Darf es ein Hauch Exotik sein? Dann können Sie die Fischstäbchen auch einmal mit einer Kichererbsenpanade umhüllen. Dafür 2 EL Kichererbsenmehl, 1 Msp. gemahlene Kurkuma, Jodsalz und Pfeffer in einem tiefen Teller mischen. Mit einer Gabel 5 EL verträgliche Gemüsebrühe unterziehen, sodass eine dickflüssige Masse entsteht. Den Saft 1 Zitrone auspressen und diesen in einen zweiten tiefen Teller geben. Die Fischstäbchen erst im Zitronensaft wenden und leicht abtropfen lassen. Anschließend in der Kichererbsenmischung wenden, die Panade gut andrücken und die Fischstäbchen wie im Rezept beschrieben braten.

Nährwerte pro Portion:
545 kcal • **43 g** Eiweiß • **21 g** Fett • **44 g** Kohlenhydrate

Ab dem 13. Monat – Hauptgerichte

Fischgulasch mit Brokkoli

FÜR 4 PORTIONEN

600 g grätenfreies Fischfilet (z. B. Lachs, Seelachs)
4 EL frisch gepresster Zitronensaft
1 mittelgroße Zwiebel
1 Knoblauchzehe
1 Frühlingszwiebel
200 g Brokkoli
4 Tomaten
1/2 Bund Petersilie
100 g durchwachsener Speck
2 EL Rapsöl
3 EL Tomatenmark
400 ml Fischfond
1 EL Maismehl
Pfeffer, Jodsalz
edelsüßes Paprikapulver

Zubereitung: ca. 45 Min.

1. Den Fisch kalt abspülen, trocken tupfen, mit dem Zitronensaft beträufeln und ca. 15 Min. säuern lassen.

2. Inzwischen Zwiebel und Knoblauch schälen, die Frühlingszwiebel putzen, waschen und alle drei Zutaten klein schneiden. Den Brokkoli waschen und in Röschen teilen.

3. Die Tomaten kreuzweise einschneiden, mit kochendem Wasser überbrühen, häuten und ohne die Stielansätze achteln. Die Petersilie waschen, trocken schütteln und die Blättchen klein hacken. Den Speck in kleine Würfel schneiden.

4. Das Öl in einer Pfanne auf mittlerer Stufe erhitzen und den Speck darin auslassen. Zwiebel und Knoblauch zugeben und glasig dünsten. Anschließend Frühlingszwiebel, Brokkoliröschen und Tomaten zugeben und das Tomatenmark unterrühren. Den Fond bis auf 4 EL angießen und alles ca. 10 Min. köcheln lassen. Das Fischfilet in ca. 2 cm große Würfel schneiden, zum Gemüse in die Pfanne geben und ca. 10 Min. mitköcheln lassen.

5. Den restlichen Fond mit dem Maismehl klumpenfrei verrühren, zum Fischgulasch geben und dieses kurz aufkochen lassen, bis es leicht andickt. Das Gulasch mit Pfeffer, Jodsalz und 1/4 TL Paprikapulver würzen, auf vier Teller verteilen und mit Petersilie bestreut servieren.

INFO

Viele Geschäfte bieten Fisch küchenfertig an, sodass er zu Hause sofort zubereitet werden kann. Fische gelten zu Unrecht als stark belastet. Handelsübliche Seefische enthalten nur geringe Mengen an Schwermetallen und organischen Rückständen. Fische aus ökologischer Haltung sind meist weniger fetthaltig als Fische aus konventioneller Haltung. Fischprodukte aus Wildfang gibt es als Konserven (Sardinen, Hering, Thunfisch) und Tiefkühlware mit dem MSC-Siegel. Das MSC-Siegel auf Fischprodukten garantiert, dass der Fisch aus geprüft umwelt- und bestandsschonender Fischerei stammt.

Nährwerte pro Portion:
550 kcal • 34 g Eiweiß • 43 g Fett • 7 g Kohlenhydrate

Ab dem 13. Monat – Hauptgerichte

Kartoffelsalat

FÜR 4 PERSONEN
700 g festkochende Kartoffeln
Jodsalz
1 kleine Zwiebel
1 1/2 TL verträgliche gekörnte Gemüsebrühe
4 EL Weißweinessig
2–3 EL mittelscharfer Senf
3 EL Pflanzenöl
Pfeffer, Jodsalz
Zucker
1 Salatgurke
3 Tomaten

Zubereitung: ca. 50 Min.

1. Die Kartoffeln mit Schale in einen Topf geben und mit Salzwasser knapp bedeckt in 25–30 Min. garen. Dann die Kartoffeln abgießen, sofort pellen und in Scheiben schneiden.

2. Zwiebel schälen und in kleine Würfel schneiden. 225 ml heißes Wasser über die Zwiebel gießen. Gekörnte Brühe, Essig, Senf und Öl dazugeben und die Salatsauce mit Pfeffer, Jodsalz und 1 Prise Zucker würzen.

3. Die Salatgurke schälen und in dünne Scheiben schneiden. Die Tomaten waschen und ohne die Stielansätze in Würfel schneiden. Gurke und Tomaten unter die Sauce rühren. Zum Schluss die noch warmen Kartoffelscheiben untermischen.

TIPP

Der Kartoffelsalat lässt sich gut vorbereiten und ist deshalb ein ideales Kindergeburtstagsessen. Fleischfans bekommen noch weizen- und milcheiweißfreie Wiener Würstchen dazu.

Nährwerte pro Portion:
195 kcal • 4 g Eiweiß • 8 g Fett • 25 g Kohlenhydrate

Polentaschnitten mit Gemüse

FÜR 4 PERSONEN
Eiersatz für 2 Eier
50 g milchfreie Margarine
200 ml verträgliche Instant-Gemüsebrühe
80 g Maisgrieß (Polenta)
frisch geriebene Muskatnuss
Pfeffer, Jodsalz
1/2 Bund Kerbel
3 EL Olivenöl
1 mittelgroße Möhre
1 kleiner Kohlrabi
1 Minigurke

Zubereitung: ca. 1 Std.

1. Eiersatz nach Herstelleranweisung zubereiten. In einem Topf die Margarine erhitzen. Brühe angießen und aufkochen lassen. Maisgrieß unter ständigem kräftigem Rühren einrieseln lassen. Eiersatz unterrühren, Polenta mit Muskat, Pfeffer und Jodsalz würzen und unter gelegentlichem Rühren ca. 25 Min. zugedeckt auf der ausgeschalteten Herdplatte quellen lassen.

2. Den Kerbel waschen, trocken schütteln, die Blättchen fein hacken und unter die Polenta rühren. Diese auf einer Lage Backpapier mit einem angefeuchteten Teigspatel zu einem ca. 2 cm hohen Rechteck verstreichen und auskühlen lassen.

3. Möhre und Kohlrabi putzen und schälen, die Gurke heiß waschen. Alle drei Zutaten in Stifte schneiden.

4. Kalte Polenta mit einem dicken Bindfaden in ca. 3 × 3 cm große Quadrate teilen. In einer Pfanne das Olivenöl erhitzen und die Polentaschnitten darin bei starker Hitze in 3–4 Min. von beiden Seiten goldgelb braten. Gemüse und Polentaschnitten auf vier Tellern anrichten und servieren.

Nährwerte pro Portion:
250 kcal • 4 g Eiweiß • 18 g Fett • 18 g Kohlenhydrate

Ab dem 13. Monat – Hauptgerichte

Gemüsespieße mit Erdnuss-Sauce

FÜR 6 STÜCK (REICHT FÜR 6 KLEINE ODER 3 GROSSE ESSER)

Für die Spieße
6 Kirschtomaten
200 g Zucchini
1 rote und 1 gelbe Paprikaschote
1–2 Frühlingszwiebeln
1 EL Olivenöl

Für die Sauce
2 EL Erdnussmus (Fertigprodukt; aus dem Glas)
Saft von 1/2 Zitrone
2 EL Kokossahne
1 Schalotte
3 Kirschtomaten
2 TL Olivenöl
Zucker, Pfeffer, Jodsalz
Außerdem: 6 Schaschlikspieße

Zubereitung: ca. 25 Min.

1. Für die Spieße die Tomaten waschen, die Zucchini waschen, eventuell längs halbieren und in ca. 1 cm dicke Scheiben schneiden. Die Paprikaschoten halbieren, putzen, waschen und in 1–2 cm große Quadrate schneiden. Die Frühlingszwiebeln putzen, waschen und in ca. 2 cm lange Stücke schneiden. Nun das Gemüse abwechselnd auf die Schaschlikspieße stecken, mit dem Olivenöl bestreichen und in einer Pfanne bei mittlerer Hitze ca. 8 Min. dünsten, dabei gelegentlich wenden.

2. Inzwischen für die Sauce Erdnussmus, Zitronensaft und Kokossahne verrühren.

3. Die Schalotte schälen, Tomaten waschen und beides in feine Stücke schneiden. Das Öl in einer Pfanne erhitzen und die Schalotte darin glasig dünsten. Tomaten zugeben und ca. 5 Min. dünsten, abkühlen lassen. Schalotten-Tomaten-Gemisch und Erdnussmus mit 1 Prise Zucker in einen Mixbecher geben und alles mit dem Stabmixer fein pürieren. Die Sauce mit Pfeffer und Jodsalz abschmecken.

Nährwerte pro Portion:
95 kcal • 3 g Eiweiß • 6 g Fett • 6 g Kohlenhydrate

Asiatische Gemüsepfanne

FÜR 6–8 PERSONEN
3 große rote Zwiebeln
3 große weiße Zwiebeln
4 Knoblauchzehen
1 Stück frischer Ingwer (ca. 2 cm)
je 1 rote und gelbe Paprikaschote
500 g Brokkoli
5 EL Olivenöl
1 TL grüne Currypaste
2 TL verträgliche gekörnte Gemüsebrühe
Pfeffer, Jodsalz
edelsüßes Paprikapulver
1 Dose Kokosdrink (400 ml)
400 g passierte Tomaten (aus dem Tetrapak)

Zubereitung: ca. 45 Min.

1. Zwiebeln, Knoblauch und Ingwer schälen und fein hacken. Paprikaschoten halbieren, putzen, waschen und in feine Streifen schneiden. Brokkoli waschen, die Röschen erst von den groben Stielen abtrennen, dann in dünne Streifen schneiden.

2. In einer Pfanne das Olivenöl erhitzen, die Zwiebeln und den Knoblauch darin andünsten. Ingwer, Brokkoli und Paprikastreifen dazugeben und das Gemüse mit Currypaste, Brühe, Pfeffer, Jodsalz und 1 Prise Paprikapulver abschmecken.

3. Den Kokosdrink dazugeben und das Gemüse 10–15 Min. offen bei mittlerer Hitze köcheln und etwas eindicken lassen. Tomaten dazugeben und ca. 5 Min. in der Sauce ziehen lassen. Die Gemüsepfanne vor dem Servieren nochmals abschmecken. Dazu passt Basmatireis.

TIPP

Für eine geschmackliche Variante statt Currypaste die gleiche Menge Zitronengraspaste (aus dem Glas; z. B. von Bamboo Garden) verwenden.

Bei 8 Personen Nährwerte pro Portion:
110 kcal • 3 g Eiweiß • 7 g Fett • 8 g Kohlenhydrate

Ab dem 13. Monat – Hauptgerichte

Hirseauflauf mit Erdnüssen

FÜR 4–6 PERSONEN

120 g geröstete ungesalzene Erdnusskerne (ersatzweise geröstete Kürbiskerne)
230 g Hirse
1 Stange Lauch
1 EL milchfreie Margarine
2–3 TL verträgliche gekörnte Gemüsebrühe
1 EL getrockneter Oregano
1 EL gehackte Basilikumblätter
1 Stück frischer Ingwer (ca. 3 cm)
800 g stückige Tomaten (aus der Dose)
1–2 TL Hefeflocken (z. B. von Vitam)
Außerdem: Auflaufform mit Deckel (ca. 35 × 25 cm); milchfreie Margarine für die Form

Zubereitung: ca. 40 Min.
Backzeit: ca. 1 Std.

1. Die Erdnüsse mit einem Stabmixer fein mahlen. 80 g Hirse in einem Sieb mit heißem Wasser gut ausspülen. In einem Topf 160 ml Wasser erhitzen, die Hirse dazugeben und offen ca. 10 Min. bei mittlerer Hitze köcheln lassen, anschließend auf der ausgeschalteten Herdplatte zugedeckt 10–15 Min. quellen lassen.

2. Inzwischen den Lauch putzen, waschen und in fingerdicke Scheiben schneiden. Margarine in einem Topf erhitzen und den Lauch darin ca. 5 Min. andünsten, mit Brühe, Oregano und Basilikum abschmecken.

3. Restliche Hirse mit einem Stabmixer fein mahlen. Den Ingwer schälen und fein hacken. Dann alle Zutaten bis auf die Hefeflocken in einer Schüssel gut vermengen und nochmals abschmecken.

4. Die Form fetten und die Hirsemasse gleichmäßig darin verteilen. Die Hefeflocken auf den Auflauf streuen und diesen zugedeckt in den kalten Backofen (Mitte) stellen. Dann bei 190° (Umluft 170°) ca. 1 Std. backen.

> Bei 6 Personen Nährwerte pro Portion:
> 315 kcal • 12 g Eiweiß • 14 g Fett • 34 g Kohlenhydrate

Ofenschmaus

FÜR 3–4 PERSONEN

4 kleine Zucchini
250 g Champignons
300 g Tomaten
1 Knoblauchzehe
Pfeffer, Jodsalz
1 TL edelsüßes Paprikapulver
2–3 EL Olivenöl
Außerdem: Auflaufform (ca. 35 × 25 cm)

Zubereitung: ca. 20 Min.
Garzeit: ca. 35 Min.

1. Den Backofen auf 200° vorheizen. Die Zucchini waschen, putzen und in kleine Würfel schneiden. Zucchiniwürfel in die Form geben.

2. Champignons putzen und halbieren. Die Tomaten waschen, ohne Stielansätze achteln und mit den Champignons auf die Zucchini geben. Knoblauch schälen, in Scheiben schneiden, zum Gemüse geben. Dieses mit Pfeffer, Jodsalz sowie Paprikapulver würzen.

3. Anschließend das Olivenöl darüberträufeln. Das Gemüse im heißen Backofen (Mitte, Umluft 180°) 30–35 Min. garen.

> **TIPP**
>
> Das Ofengemüse schmeckt als Antipasti sowohl warm als auch kalt mit weizenfreiem Brot, aber auch als Beilage zu gegrilltem oder gebratenem Fleisch oder Fisch.

> Bei 4 Personen Nährwerte pro Portion:
> 105 kcal • 4 g Eiweiß • 7 g Fett • 5 g Kohlenhydrate

Ab dem 13. Monat – Hauptgerichte

Kartoffel-Gemüse-Lasagne

FÜR 4–6 PERSONEN
150 g Zwiebeln
2 Knoblauchzehen
150 g Möhren
je 1 rote und gelbe Paprikaschote
400 g Zucchini
4 EL Olivenöl
4 TL Kräuter der Provence
Pfeffer, Jodsalz
500 g festkochende Kartoffeln
400 g stückige Tomaten (aus der Dose)
2 EL Tomatenmark
60 g milchfreie Margarine
30 g Kichererbsenmehl
500 ml verträgliche Instant-Gemüsebrühe
Außerdem: Auflaufform (ca. 35× 25 cm)

Zubereitung: ca. 1 Std.
Backzeit: ca. 1 Std.

1. Zwiebeln und Knoblauch schälen. Möhren putzen und schälen. Paprikaschoten halbieren, putzen und waschen. Zucchini putzen und waschen. Zwiebeln, Knoblauch, Möhren, Paprikaschoten und Zucchini klein würfeln.

2. Das Olivenöl in einer großen Pfanne erhitzen, vorbereitetes Gemüse darin mit den Kräutern, Pfeffer und Jodsalz bei kleiner Hitze ca. 30 Min. dünsten.

3. Inzwischen die Kartoffeln waschen, schälen und mit einer Küchenreibe in dünne Scheiben hobeln. Die Tomaten und das Tomatenmark zum Gemüse in die Pfanne geben und erhitzen.

4. Den Backofen auf 180° vorheizen. Für die Sauce die Margarine in einem Topf zerlassen, das Kichererbsenmehl einstreuen und mit der Gemüsebrühe ablöschen. Anschließend die Sauce kurz aufkochen lassen, bis sie leicht andickt.

5. Ein Drittel des Gemüses in die Form füllen und mit einem Drittel der Kartoffeln bedecken. Dann wieder ein Drittel des Gemüses und die Hälfte der Sauce darauf verteilen. Erneut ein Drittel der Kartoffelscheiben und das restliche Gemüse einschichten. Mit den restlichen Kartoffelscheiben und der zweiten Saucenhälfte abschließen. Die Lasagne im heißen Ofen (Mitte) in ca. 1 Std. goldbraun überbacken.

INFO

Für Auflauf- und Kartoffelsalatrezepte wählen Sie am besten festkochende Kartoffelsorten. Kartoffelbrei und -klöße schmecken hingegen am besten mit mehligkochenden Sorten.
Wenn Sie die Wahl zwischen Kartoffeln und weizenfreien Nudelgerichten für Ihr Kind haben, entscheiden Sie sich immer für Kartoffeln, da diese einen viel besseren Nährstoffgehalt bieten. Stellen Sie sich aber auch darauf ein, dass Ihr Kind eine Zeitlang auf seinen Lieblingsspeisen beharrt und nicht gern etwas Neues ausprobieren möchte.

Bei 6 Personen Nährwerte pro Portion:
250 kcal • **6 g** Eiweiß • **16 g** Fett • **20 g** Kohlenhydrate

Stachelbeerkaltschale

FÜR 4 PERSONEN

500 g Stachelbeeren
2 EL Speisestärke
60 g Zucker
1 Pck. Vanillezucker
750 ml calciumreiches Mineralwasser mit wenig Kohlensäure (ab 300 mg Ca/l)
1/2 Banane
4 Minzeblättchen

Zubereitung: ca. 35 Min.

1. Die Stachelbeeren verlesen, putzen und waschen. Stärke, Zucker und den Vanillezucker in einem Topf mit 50 ml Mineralwasser glatt rühren.

2. Die Stachelbeeren mit dem Stärkegemisch in dem Topf vermengen. Das restliche Mineralwasser dazugeben und zum Kochen bringen.

3. Die Banane schälen, in grobe Stücke schneiden und zu den kochenden Beeren geben. Grütze dann pürieren und anschließend ca. 8 Min. zugedeckt auf der ausgeschalteten Herdplatte stehen lassen, dabei hin und wieder umrühren.

4. Die Grütze in vier Dessertschälchen füllen, erkalten lassen und mit je 1 Minzeblättchen verziert servieren.

INFO

Kleine Beere ganz groß. Stachelbeeren versorgen Ihr Kind mit einer Extraportion Vitamin C und Folsäure.

Nährwerte pro Portion:

150 kcal • 1 g Eiweiß • 0 g Fett • 34 g Kohlenhydrate

Ab dem 13. Monat – Desserts & Kuchen

Versunkene Himbeeren

FÜR 4 PERSONEN
400 ml Kokosdrink (aus der Dose)
150 g Milchreis (roh)
abgeriebene Schale von 1/2 Bio-Zitrone
1 Pck. Vanillezucker
Jodsalz
150 g TK-Himbeeren
1 EL Kokosflocken

Zubereitung: ca. 10 Min.
Quellzeit: ca. 30 Min.

1. Kokosdrink öffnen – vorher nicht schütteln, die festere Sahne oben ablöffeln und beiseitestellen. Restlichen Kokosdrink, Milchreis, Zitronenschale, Vanillezucker und 1 Prise Jodsalz in einem Topf aufkochen lassen, dann zugedeckt auf der ausgeschalteten Herdplatte ca. 30 Min. quellen lassen.

2. Die gefrorenen Himbeeren in den noch heißen Reis geben und vorsichtig unterheben, da sich sonst der Milchreis zu sehr rot färbt. Den Milchreis in vier Dessertschälchen füllen, mit den Kokosflocken bestreuen und mit der beiseitegestellten Kokossahne verzieren.

TIPP

Für 1 l selbst gemachten Kokosdrink 250 g Kokosflocken mit 800 ml Wasser in einem Topf aufkochen, dabei ständig rühren. Dann den Topf sofort von der Herdplatte ziehen und ca. 15 Min. stehen lassen. Ein Geschirrtuch über eine Schüssel legen, die Flüssigkeit in das Tuch geben. Dann das Tuch kräftig auswringen. Bleibt der Kokosdrink etwas stehen, setzt sich die Kokossahne oben ab. Sie kann abgeschöpft und als flüssiger Sahneersatz verwendet werden.

Nährwerte pro Portion:
190 kcal • 4 g Eiweiß • 2 g Fett • 39 g Kohlenhydrate

Hirse-Apfel-Dessert

FÜR 3–4 PERSONEN
50 g Hirse
250 ml Vanille-Haferdrink plus Calcium
1 Apfel
1 TL Rapsöl
1 TL Zucker
Zimtpulver

Zubereitung: ca. 20 Min.
Quellzeit: ca. 15 Min.

1. Die Hirse in ein Sieb geben und kalt abspülen. In einem Topf den Haferdrink und die Hirse unter ständigem Rühren aufkochen. Dann den Hirsebrei auf der ausgeschalteten Herdplatte zugedeckt 10–15 Min. quellen lassen. Anschließend in Schälchen oder Gläser füllen.

2. Den Apfel waschen, schälen, vierteln und ohne Kerngehäuse in kleine Würfel schneiden. In einem Topf das Öl erhitzen und den Apfel darin andünsten, bis die Würfel weich sind.

3. Zucker und 1 Msp. Zimt mischen und auf den Hirsebrei streuen. Den gedünsteten Apfel auf den Brei geben.

Bei 4 Personen Nährwerte pro Portion:
100 kcal • 2 g Eiweiß • 3 g Fett • 17 g Kohlenhydrate

Ab dem 13. Monat – Desserts & Kuchen

Erdbeer-Crumble

FÜR 2 PERSONEN
35 g milchfreie Margarine
60 g Zucker
1 gestrichener TL Zimtpulver
50 g Maisstärke
30 g Teffmehl
200 g Erdbeeren
1/2 Vanilleschote
30 g gehackte Mandeln
Außerdem: runde Auflaufform (ca. 24 cm Ø); milchfreie Margarine für die Form

Zubereitung: ca. 15 Min.
Backzeit: ca. 25 Min.

1. Den Backofen auf 200° vorheizen. In einer Schüssel die Margarine, 30 g Zucker und Zimt mit dem Knethaken des Handrührgeräts verrühren. Die Stärke und das Teffmehl hinzugeben und alles zu Streuseln verkneten.

2. Die Form fetten. Die Erdbeeren waschen, putzen und halbieren oder vierteln. Diese gleichmäßig in der Form verteilen. Vanilleschote aufschlitzen und mit einem Messerrücken das Mark herauskratzen. Das Vanillemark, den restlichen Zucker und die Mandeln in einer Tasse mischen und gleichmäßig über die Früchte geben.

3. Die Teigstreusel auf den Erdbeeren verteilen und den Crumble im heißen Ofen (Mitte) in ca. 25 Min. goldbraun backen.

Nährwerte pro Portion:
535 kcal • 6 g Eiweiß • 27 g Fett • 67 g Kohlenhydrate

Grießschnitten mit Kirschsauce

FÜR 4 PERSONEN
Eiersatz für 2 Eier
400 ml Vanille-Haferdrink plus Calcium
100 g Maisgrieß
80 g Sesamsamen
4 EL Rapsöl
350 g Schattenmorellen (aus dem Glas)
50 g Zucker
1 TL Maisstärke
Außerdem: Auflaufform (ca. 35 × 25 cm)

Zubereitung: ca. 45 Min.

1. Den Eiersatz nach Herstelleranweisung zubereiten. In einem Topf den Haferdrink aufkochen, dabei gelegentlich umrühren. Wenn er kocht, unter kräftigem Rühren den Maisgrieß einrühren. Den Eiersatz unter den Grießbrei ziehen und diesen noch einmal aufkochen lassen.

2. Den Brei ca. daumendick in die Form streichen, fest werden lassen und mit einem scharfen Messer in gleichmäßige Rauten schneiden. Sesam in einen tiefen Teller geben und die Grießrauten nacheinander darin von beiden Seiten wenden.

3. In einer Pfanne das Öl erhitzen und die Grießschnitten darin portionsweise bei starker Hitze in ca. 4 Min. von beiden Seiten goldgelb anbraten.

4. Inzwischen Kirschen abtropfen lassen, Saft auffangen. In einem Topf die Kirschen zum Kochen bringen. Den Saft in einem Schüttelbecher mit Zucker und Stärke vermischen und zu den kochenden Kirschen geben. Die Sauce noch einmal kurz aufkochen lassen, bis sie andickt. Die Grießschnitten mit der Kirschsauce auf vier Tellern anrichten und servieren.

Nährwerte pro Portion:
420 kcal • 7 g Eiweiß • 22 g Fett • 46 g Kohlenhydrate

Ab dem 13. Monat – Desserts & Kuchen

Mandel-Zitronen-Speise

FÜR 4 PERSONEN

500 ml Mandeldrink
1 Pck. Zitronen-Götterspeise ohne Kochen (z. B. von Dr. Oetker)
50 g Zucker
1 EL geröstete und gemahlene Mandeln (z. B. von Alnatura)

Zubereitung: ca. 10 Min.

1. Mandeldrink in einen Topf geben und aufkochen lassen. Anschließend den Topf von der Herdplatte nehmen.

2. Das Götterspeisenpulver mit dem Zucker mischen und in den heißen Mandeldrink rühren, bis sich das Pulver aufgelöst hat. Den Pudding in vier kalt ausgespülte Dessertschälchen füllen und mit den Mandeln bestreuen.

> **TIPP**
>
> Für 500 ml selbst gemachten Mandeldrink 200 g Mandelkerne mit Wasser bedeckt über Nacht einweichen. Wasser abgießen, Mandeln in einem Sieb gut abspülen, mit 200 ml Wasser in einen Mixbecher geben und mit dem Stabmixer fein pürieren. Die Masse in ein Küchentuch geben, über einer Schüssel gut auswringen. Den Mandeldrink mit Wasser auf 500 ml auffüllen, in einen Topf gießen und bei mittlerer Hitze 10–15 Min. unter ständigem Rühren köcheln lassen. So zersetzt sich die enthaltene Blausäure.

Nährwerte pro Portion:
145 kcal • 7 g Eiweiß • 4 g Fett • 20 g Kohlenhydrate

Schokoladenpudding Helene

FÜR 3–4 PERSONEN

250 ml Haferdrink plus Calcium
1 1/2 EL Speisestärke
2 EL Kakaopulver
1 EL milchfreie Schokotropfen
Zucker (nach Belieben)
1 Birne

Zubereitung: ca. 15 Min.

1. In einem Schüttelbecher 50 ml Haferdrink klümpchenfrei mit der Stärke und dem Kakao vermischen. In einem kleinen Topf den restlichen Haferdrink zum Kochen bringen und unter Rühren die angerührte Stärke unterrühren. Den Pudding einmal aufkochen lassen und dann die Schokotropfen unterrühren. Den Pudding nach Belieben noch mit etwas Zucker süßen.

2. Die Birne schälen, vierteln, ohne Kerngehäuse in feine Spalten schneiden und diese fächerförmig auf Desserttellern anrichten. Den noch warmen Pudding darübergießen.

> **TIPP**
>
> Um das Dessert mit Nährstoffen anzureichern, können Sie nach dem Kochen ca. 15 g Sinlac-Breipulver in den warmen Pudding einrühren.

Bei 4 Personen Nährwerte pro Portion:
85 kcal • 2 g Eiweiß • 3 g Fett • 12 g Kohlenhydrate

Ab dem 13. Monat – Desserts & Kuchen

Obst-Streusel-Auflauf

FÜR 4–6 PERSONEN
4 große reife Pfirsiche
250 g TK-Himbeeren
185 g Zucker
Zimtpulver
125 g Mehlmix (z. B. Mix it Universalmehl von Glutano)
125 g kernige Haferflocken
150 g milchfreie Margarine
Außerdem: Auflaufform (ca. 35 × 25 cm); milchfreie Margarine für die Form

Zubereitung: ca. 25 Min.
Backzeit: ca. 35 Min.

1. Den Backofen auf 190° vorheizen. Die Pfirsiche waschen, vierteln und entsteinen. Die Pfirsichviertel jeweils noch einmal längs dritteln. Die gefrorenen Himbeeren und die Pfirsichspalten mit 60 g Zucker und 1/4 TL Zimtpulver in einer Schüssel gut miteinander vermischen.

2. Die Form fetten und das Obst darin gleichmäßig verteilen. Mehl mit restlichem Zucker und Haferflocken in einer Schüssel mischen. Die Margarine in Würfel schneiden und mit den Händen unter die Mehlmischung kneten, sodass Streusel entstehen. Diese auf den Pfirsichen und den Himbeeren verteilen.

3. Den Auflauf im heißen Backofen (Mitte) 30–35 Min. backen, bis die Streusel knusprig und goldgelb sind.

TIPP
Dieser Auflauf schmeckt sowohl warm als auch kalt sehr lecker.

Bei 6 Personen Nährwerte pro Portion:
510 kcal • 4 g Eiweiß • 23 g Fett • 70 g Kohlenhydrate

Bananenmuffins

FÜR 12 MUFFINS
150 g milchfreie Margarine
125 g Zucker
50 ml Vanille-Haferdrink plus Calcium
500 g Bananen (ohne Schale gewogen)
300 g Teffmehl
1 Pck. weizenfreies Backpulver
Jodsalz
Außerdem: Muffinform mit 12 Mulden à 7,5 cm cm Ø; 12 Papierbackförmchen à 6,0 cm Ø

Zubereitung: ca. 15 Min.
Backzeit: ca. 25 Min.

1. Den Backofen auf 170° vorheizen. Die Papierförmchen in die Mulden der Muffinform setzen. Die Margarine in einer Schüssel mit den Quirlen des Handrührgeräts cremig rühren. Den Zucker einrieseln lassen und weiterrühren. Den Haferdrink dazugeben.

2. Die Bananen auf einem Teller mit einer Gabel fein zermusen und zur Margarine-Haferdrink-Masse geben. Zum Schluss Teffmehl, Backpulver und 1 Prise Jodsalz zügig unterrühren.

3. Den Teig in die Papierförmchen füllen und die Muffins im heißen Ofen (Mitte) in ca. 25 Min. goldgelb backen.

TIPP
Die Bananenmuffins lassen sich mit buntem Deko-Zucker auch als kleine Geburtstagstörtchen zubereiten. Mit den Backförmchen können sie prima in die Hand genommen werden.

Nährwerte pro Stück:
250 kcal • 4 g Eiweiß • 11 g Fett • 35 g Kohlenhydrate

Ab dem 13. Monat – Desserts & Kuchen

Buchweizenkuchen

FÜR 1 SPRINGFORM MIT 28 CM Ø (CA. 12 STÜCKE)

250 ml Mandeldrink
50 g milchfreie Margarine
100 g Buchweizengrütze
1 Banane
1 EL Zitronensaft
80 g Zucker
Zimtpulver
Lebkuchengewürz
200 g gemahlene Mandeln
Eiklarersatz für 3 Eiklar (z. B. von Loporofin)
Außerdem: milchfreie Margarine und Buchweizengrütze für die Form

Zubereitung: ca. 30 Min.
Backzeit: ca. 45 Min.

1. Den Mandeldrink und die Margarine in einem Topf erhitzen. Wenn der Drink kocht, die Buchweizengrütze kräftig unterrühren und diese ca. 20 Min. bei schwacher Hitze zugedeckt quellen lassen. Dabei gelegentlich umrühren.

2. Den Backofen auf 180° vorheizen. Die Banane in einer Schüssel mit einer Gabel fein zermusen und rasch mit dem Zitronensaft mischen, damit sie nicht braun wird.

3. Den Zucker, je 1 Msp. Zimt und Lebkuchengewürz sowie die Mandeln mit den Quirlen des Handrührgerätes unter das Bananenmus heben. Den Eiklarersatz nach Herstelleranweisung zubereiten und vorsichtig unter den nicht mehr zu heißen Buchweizenbrei heben, dann das Bananenmus unterrühren.

4. Die Form fetten, mit Buchweizengrütze ausstreuen und den Teig einfüllen. Anschließend den Kuchen im heißen Ofen (2. Schiene von unten) in ca. 45 Min. goldbraun backen.

Nährwerte pro Stück:

205 kcal • 4 g Eiweiß • 14 g Fett • 16 g Kohlenhydrate

Geburtstagskuchen

FÜR 1 KASTENFORM VON CA. 25 CM LÄNGE (CA. 12 STÜCKE)

250 g Kokosfett
150 g gluten-, milch-, ei-, weizen- und sojafreie Kekse (z. B. Kekstaler, s. Rezept S. 123)
Eiersatz für 2 Eier
60 g stark entöltes Kakaopulver
6 EL Reis- oder Mandeldrink
50–60 g Puderzucker
60 g ungesalzene Pistazienkerne (ersatzweise Pinienkerne)
50 g Mandelstifte
Außerdem: 1–2 TL Dekor-Konfetti (z. B. von Schwartau); Geburtstagskerzen

Zubereitung: ca. 25 Min.
Kühlzeit: ca. 2 Std., besser über Nacht

1. Die Form mit einem Stück Frischhaltefolie auslegen, das doppelt so groß ist wie die Form und rechts und links über die Form hinausragt. Das Kokosfett in einem Topf bei schwacher Hitze schmelzen. Die Kekse in grobe Stücke brechen und den Eiersatz nach Herstelleranweisung zubereiten.

2. Eiersatz, Kakaopulver, Reis- oder Mandeldrink und Puderzucker in einer Schüssel mit den Quirlen des Handrührgeräts glatt verrühren. Das geschmolzene, noch warme Kokosfett unterrühren. Die Pistazien, die Mandelstifte und die zerkleinerten Kekse unterheben.

3. Den Teig gleichmäßig in die Form füllen, zum Schluss die Dekor-Konfetti darüberstreuen und den Teig mit der Frischhaltefolie abdecken. Den Kuchen für mindestens 2 Std. in den Kühlschrank stellen. Dann mit der Folie aus der Form heben und die Folie entfernen. Den Kuchen mit Geburtstagskerzen krönen.

Nährwerte pro Stück:

295 kcal • 3 g Eiweiß • 27 g Fett • 9 g Kohlenhydrate

Knusperkugeln

FÜR CA. 40 STÜCK

50 g gemischte Ölsaaten (z. B. Leinsamenschrot, Sonnenblumenkerne, Kürbiskerne, Quinoa)
1 EL Sesamsamen
200 g blütenzarte Haferflocken
4 EL Rosinen
250 g Hafer- oder Kokossahne
1–2 EL flüssiger Reissirup

Zubereitung: ca. 20 Min.
Backzeit: ca. 30 Min.

1. Ölsaaten, Sesam, Haferflocken und Rosinen in einen Mixbecher geben und mit dem Stabmixer grob pürieren.

2. Die Hafer- oder Kokossahne mit den Knethaken des Handrührgeräts unterarbeiten und die Masse mit dem Reissirup abschmecken.

3. Mit angefeuchteten Händen aus der Masse kleine Kugeln formen. Ein Backblech mit Backpapier belegen und die Kugeln darauflegen. Das Blech in den kalten Ofen schieben und die Kugeln bei 220° (Mitte, Umluft 200°) 20–30 Min. backen.

TIPP

Frisch schmecken die Kugeln am besten.

Nährwerte pro Stück:
40 kcal • 1 g Eiweiß • 2 g Fett • 4 g Kohlenhydrate

Ab dem 13. Monat – Desserts & Kuchen

Haferflockenkekse

FÜR CA. 20 STÜCK
125 g milchfreie Margarine
150 g Zucker
150 g blütenzarte Haferflocken
75 g Teffmehl
1 TL weizenfreies Backpulver
Zimtpulver
5 rote Belegkirschen
ca. 30 ml Haferdrink plus Calcium

Zubereitung: ca. 15 Min.
Backzeit: ca. 15 Min.

1. Den Backofen auf 180° vorheizen. Margarine in einer Schüssel mit den Quirlen des Handrührgeräts cremig rühren. Zucker einrieseln lassen und 2 Min. weiterrühren. Haferflocken, Mehl und Backpulver mit 1 Prise Zimt unterrühren.

2. Ein Backblech mit Backpapier belegen und mit zwei nassen Teelöffeln ca. 20 kleine gleichmäßige Teighäufchen daraufsetzen. Wenn der Teig sich nicht formen lässt, eventuell noch etwas Haferdrink unterrühren. Die Belegkirschen vierteln und auf die Kekse legen.

3. Die Kekse im heißen Backofen (Mitte) in ca. 15 Min. goldgelb backen, dann auskühlen lassen. In einer Blechdose halten sich die Kekse ca. 4 Wochen.

UND DAZU?

Für die Kakaocreme als Keks-Topping 100 g milchfreie Margarine, 20 g stark entöltes Kakaopulver und 30 g Traubenzucker mit den Quirlen des Handrührgeräts cremig rühren, dann kalt stellen. Kekse damit bestreichen.

Nährwerte pro Stück:
115 kcal • 2 g Eiweiß • 6 g Fett • 14 g Kohlenhydrate

Kekstaler

FÜR CA. 35 STÜCK
250 g milchfreie Margarine
300 g Teffmehl
125 g Puderzucker
1 Pck. Vanillezucker
abgeriebene Schale 1/2 Bio-Orange oder -Zitrone
Zimtpulver
70 g Zitronat

Zubereitung: ca. 20 Min.
Ruhezeit: ca. 30 Min.
Backzeit: ca. 8 Min. pro Blech

1. Die Margarine in einer Schüssel mit den Quirlen des Handrührgeräts cremig rühren. Das Mehl, Puder- und Vanillezucker, Orangen- oder Zitronenschale sowie 1 Msp. Zimt dazugeben und alle Zutaten zu einem glatten Teig verkneten.

2. Den Teig zu einer flachen Platte drücken und diese ca. 30 Min. zugedeckt in den Kühlschrank stellen.

3. Den Backofen auf 175° vorheizen. Den Teig zwischen 2 Gefrierbeuteln ca. 0,5 cm dick ausrollen und daraus mit einem Glas von 3 cm Ø Kreise ausstechen. Diese auf zwei mit Backpapier belegte Backbleche legen. Das Zitronat ganz fein würfeln und mittig auf die Kekse setzen. Die Kekstaler nacheinander im heißen Ofen (Mitte, Umluft 160°) je ca. 8 Min. backen.

Nährwerte pro Stück:
100 kcal • 1 g Eiweiß • 6 g Fett • 11 g Kohlenhydrate

Hilfreiche Adressen
für Allergiker

www.daab.de
Der Deutsche Allergie- und Asthmabund e. V. (DAAB) wurde bereits 1897 gegründet. Er ist der größte Patientenverband für Allergien, Asthma und Neurodermitis und betreut auch ein Netzwerk für Ernährungsfachkräfte, die sich auch auf Nahrungsmittelunverträglichkeiten (u. a. Zöliakie) spezialisiert haben. Beim DAAB finden Sie Zeit, Hilfe und konkrete Vorschläge sowie Tipps, die Sie direkt umsetzen können und die Ihnen weiterhelfen. Für Sie engagieren sich hauptamtliche Beratungsexperten des DAAB. Die Arbeit des DAAB ist geprägt vom Austausch mit über 50.000 Betroffenen pro Jahr.

www.fke-do.de
Das Forschungsinstitut für Kinderernährung (FKE) Dortmund untersucht die Zusammenhänge zwischen Ernährung, Wachstum und Stoffwechsel von Kindern und Jugendlichen mit dem Ziel, wesentliche Beiträge zur Förderung von Gesundheit und Entwicklung im Wachstumsalter durch eine verbesserte Ernährung zu leisten. Die gängigen Empfehlungen für die Ernährung von Säuglingen, Kleinkindern, Kindern und Jugendlichen gehen auf die Forschungsarbeiten des FKE zurück.

www.waswiressen.de
Kostenloser Info-Service für alle Fragen rund um das Thema Essen und Ernährung. Experten aus den verschiedensten Fachrichtungen beantworten Ihre Fragen – in der Regel innerhalb von 48 Stunden.

www.allergienvorbeugen.de
Wichtige Informationen und hilfreiche Links rund um das Thema Allergie; mit Forum für Interessierte, Betroffene und Verunsicherte.

www.ak-dida.de
Hier finden Sie eine Adressenliste der Mitglieder des Arbeitskreises allergologisch tätiger Ernährungsfachkräfte e. V. (Ak-dida), die sich verpflichtet haben, nach festgelegten Qualitätskriterien und wissenschaftlichen Maßstäben zu arbeiten. Die ernährungstherapeutischen Beratungen der Kolleginnen werden in den meisten Fällen von den Krankenkassen bezuschusst und/oder voll übernommen.

Zum Weiterlesen

Reese, Imke; Schäfer, Christiane: Allergien vorbeugen – Allergieprävention heute: Toleranzentwicklung fördern statt Allergene vermeiden
Systemed Verlag, Lünen
ISBN: 978-3-927372-50-4; 14,95 €
In diesem Ratgeber finden Sie Rat, Anregung und wissenschaftliche Hintergründe zum Thema Allergien in laiengerechter und praxistauglicher Form.

Constien, Anja; Reese, Imke; Schäfer, Christiane: Praxisbuch Lebensmittelallergien
Südwest Verlag, München
ISBN: 978-3-517-08286-8; 16,95 €
Voraussetzung für die erfolgreiche Therapie einer Lebensmittelunverträglichkeit ist die differenzierte Diagnose und umfassende Information der Betroffenen. In diesem Buch werden verschiedene Diagnosemöglichkeiten und ihre Relevanz bewertet. Die häufigsten Lebensmittelallergene und ihre Merkmale werden beschrieben, genauso wie Unverträglichkeiten auf Lactose, Fructose, Gluten und Pseudoallergene.

Constien, Anja; Reese, Imke; Schäfer, Christiane: Richtig einkaufen bei Lebensmittelallergien.
Mehr Sicherheit beim Einkauf, im Restaurant und im Ausland
Trias in MVS Medizinverlage, Stuttgart
ISBN: 978-3-8304-3351-4; 9,90 €
In diesem Einkaufsführer im Taschenformat erhalten Sie Hinweise für »Ihr« Allergen sowie wertvolle Ratschläge für den täglichen Einkauf. Von besonderem Nutzen ist die Übersetzung der Hauptallergene in acht Sprachen, sodass auch die sichere Urlaubsplanung in fremden Ländern gelingt.

Schäfer, Christiane; Kamp, Anne: Gesund essen bei Kreuzreaktionen Köstlich essen bei Kreuzallergien
Trias Verlag, Stuttgart
ISBN: 978-3830434399; 19,95 €
Das Kochbuch für Patienten mit einer pollenassoziierten Kreuzallergie (Birke, Beifuß, Gräser, Latex). Übersichtlicher Rezeptaufbau vergleichbar einem Baukastensystem macht es ganz einfach, die problematischen Lebensmittel auszutauschen. Küchentechnischer Zauberkasten, um allergenarme Rezepte und Genuss unter einen Hut zu bringen.

Schäfer, Christiane; Soeffker, Sigrid: Gesund essen – Glutenfrei kochen und backen für Kinder
Gräfe und Unzer Verlag, München
ISBN: 978-3-8338-2264-3; 12,90 €
Aktuelle und kompakte Informationen, um eine nährstoffgerechte gesunde Ernährung im Küchenalltag leicht und schmackhaft zu bewerkstelligen. Dazu abwechslungsreiche Rezepte, die Lieblingsgerichte in glutenfreier Zubereitung vorstellen.

Schäfer, Christiane; Stemmer, Ellen: Gesund essen – Glutenfrei backen
Gräfe und Unzer, München
ISBN:978-3-8338-1864-6; 12,90 €
Ein Leben ohne Gluten bedeutet Umdenken. Dieser Backratgeber für glutenfreie Köstlichkeiten nimmt Sie beim Backen an die Hand. Er informiert über die anfangs fremden Teigzutaten und welche Besonderheiten glutenfreie Teige beim Backen an den Tag legen.

Gerichte nach Kapiteln

5.–12. MONAT
Mittagsbreie
Frühkarotten-Kartoffel-Brei 24
Kürbis-Pastinaken-Brei 25
Karotten-Fenchel-Gemüsebrei 25
Kohlrabi-Kartoffel-Püree 26
Kartoffel-Spinat-Puten-Brei 27
Brokkoli-Kartoffel-Lamm-Brei 27
Hirsebrei mit Blumenkohl und Rind 28
Gemüse-Fisch-Püree 28

Abendbreie
Haferflockenbrei mit Banane und Pfirsich 30
Teff-Abendbrei 30
Zauberbrei für Hänflinge 32
Apfel-Mango-Mus 33
Hirse-Pfirsich-Brei 33

Nachmittagsbreie
Reisbrei mit Aprikosen 34
Birnen-Hirse-Brei 35
Birnenmus 35
Früchtebrei 36
Banane mit 4-Korn-Flocken 36
Gartenfrüchte in Teff-Flockenbrei 37
Obst-Porridge 37

Frühstück
Energie-Cornflakes 38
Hirse-Birnen-Müsli 39
Hafermüsli mit Kürbiskernen 39
Erfrischender Nektarinen-Shake 40
Kraftmacher-Shake 40
Bauchschmeichler 42
Hirsekreis 42

Süße Zwischenmahlzeiten
Bananen-Fruchtsaft-Pudding 44
Flammeri im Früchtemeer 45
Reisbrei mit Apfel und Birne 45
Vanillepudding mit Himbeersauce 46

AB DEM 13. MONAT – FRÜHSTÜCK
Grundrezept Müslimischung 48
Schneller Müsli-Mix für Morgenmuffel 49
Muntermacher-Müsli 49
Weizenfreies Ciabatta 50
Süßes Blitzbrot 50
Gelbe Erbsenpaste 52
Schneller Kichererbsenaufstrich 52
Kürbiskernaufstrich 53
Rote-Linsen-Paste 53

AB DEM 13. MONAT – FINGERFOOD
Piratenpuffer 54
Gemüsetaler 54
Thunfischburger 56
Hirsebratlinge 56
Vitaminmuffel-Burger 58
Quinoa-Bratlinge 60
Kichererbsen-Pfannkuchen 62
Gemüsewaffeln 62
Bunte Kartoffelpizza 64
Herzhafte Partypizza 66
Mais-Tortillas 68
Wraps 68
Putenbrustfüllung 70
Spinatfüllung 70

AB DEM 13. MONAT – SALATE, SUPPEN UND SAUCEN
Ketchup-Senf-Dressing 72
Paprika-Orangen-Dressing 72
Balsamico-Dressing 73
Italienisches Dressing 73
Party-Eisbergsalat 74
Feldsalatmix mit Pinienkernen 74
Apfel-Möhren-Salat 76
Zucchinisalat mit Möhren und Tomaten 76
Lachssalat mit Tomaten und Mais 78
Thunfisch-Reis-Salat 78
Kohlrabi-Petersilien-Suppe mit Klößchen 80
Schneesuppe 80
Rote-Linsen-Suppe 82
Gemüsesuppe mit Würstchen 82
Räubersuppe 84
Kürbissuppe mit Kokossahne 84
Hexenkessel 86
Tomatensauce 88
Hackfleischsauce 88
Kokossauce 90
Brokkolisauce 90
Erbsensauce 91
Möhrensauce 91
Tomatensalsa 92
Parmesanersatz 92
Avocado-Pesto 93
Basilikum-Pistou 93

AB DEM 13. MONAT – HAUPTGERICHTE
Nudelauflauf mit Bolognese 94
Grün gestreifter Nudelauflauf 94
Hackbällchen in Paprikasauce 96
Putengeschnetzeltes mit grünem Spargel 96
Rotbarsch mit Kokos-Curry-Sauce 98
Seelachs auf Fenchelgemüse 98
Fischstäbchen 100
Fischgulasch mit Brokkoli 102
Kartoffelsalat 104
Polentaschnitten mit Gemüse 104
Gemüsespieße mit Erdnuss-Sauce 106
Asiatische Gemüsepfanne 106
Hirseauflauf mit Erdnüssen 108
Ofenschmaus 108
Kartoffel-Gemüse-Lasagne 110

AB DEM 13. MONAT – DESSERTS & KUCHEN
Stachelbeerkaltschale 112
Versunkene Himbeeren 113
Hirse-Apfel-Dessert 113
Erdbeer-Crumble 114
Grießschnitten mit Kirschsauce 114
Mandel-Zitronen-Speise 116
Schokoladenpudding Helene 116
Obst-Streusel-Auflauf 118
Bananenmuffins 118
Buchweizenkuchen 120
Geburtstagskuchen 120
Knusperkugeln 122
Haferflockenkekse 123
Kekstaler 123

Rezeptregister von A bis Z

Amaranth-Hirse-Puffer (Variante) 60
Äpfel
  Apfel-Mango-Mus 33
  Apfel-Möhren-Salat 76
  Hirse-Apfel-Dessert 113
  Reisbrei mit Apfel und Birne 45
Aprikosen: Reisbrei mit Aprikosen 34
Asiatische Gemüsepfanne 106
Avocado
  Avocado-Pesto 93
  Feldsalatmix mit Pinienkernen 74

Balsamico-Dressing 73
Bananen
  Banane mit 4-Korn-Flocken 36
  Bananen-Fruchtsaft-Pudding 44
  Bananenmuffins 118
  Bauchschmeichler 42
  Haferflockenbrei mit Banane und Pfirsich 30
Basilikum-Pistou 93
Bauchschmeichler 42
Birnen
  Birnen-Hirse-Brei 35
  Birnenmus 35
  Hirse-Birnen-Müsli 39
  Reisbrei mit Apfel und Birne 45
  Schokoladenpudding Helene 116
Blitzbrot, süßes 50
Blumenkohl
  Hexenkessel 86
  Hirsebrei mit Blumenkohl und Rind 28
Brokkoli
  Brokkoli-Kartoffel-Lamm-Brei 27
  Brokkolisauce 90
  Fischgulasch mit Brokkoli 102
Buchweizenkuchen 120
Bunte Kartoffelpizza 64

Champignons: Ofenschmaus 108
Ciabatta, weizenfreies 50
Cornflakes
  Energie-Cornflakes 38
  Fischstäbchen 100
Currypulver: Rotbarsch mit Kokos-Curry-Sauce 98

Dressing, italienisches 73

Eisbergsalat, Party- 74
Energie-Cornflakes 38
Erbsen
  Erbsensauce 91
  Gelbe Erbsenpaste 52
  Kichererbsen-Pfannkuchen 62
Erdbeeren
  Bauchschmeichler 42
  Erdbeer-Crumble 114
Erdnüsse: Hirseauflauf mit Erdnüssen 108
Erdnussmus: Gemüsespieße mit Erdnuss-Sauce 106
Erfrischender Nektarinen-Shake 40

Feldsalatmix mit Pinienkernen 74
Fenchel
  Karotten-Fenchel-Gemüsebrei 25
  Seelachs auf Fenchelgemüse 98
Fisch
  Fischgulasch mit Brokkoli 102
  Fischstäbchen 100
  Gemüse-Fisch-Püree 28
Flammeri im Früchtemeer 45
Fruchtsaft: Bananen-Fruchtsaft-Pudding 44
Früchte
  Flammeri im Früchtemeer 45
  Früchtebrei 36
  Gartenfrüchte in Teff-Flockenbrei 37
Frühkarotten-Kartoffel-Brei 24

Gartenfrüchte in Teff-Flockenbrei 37
Geburtstagskuchen 120
Gelbe Erbsenpaste 52
Gemüse, gemischtes
  Gemüse-Fisch-Püree 28
  Gemüsepfanne, asiatische 106
  Gemüsespieße mit Erdnuss-Sauce 106
  Gemüsesuppe mit Würstchen 82
  Gemüsetaler 54
  Gemüsewaffeln 62
  Kartoffel-Gemüse-Lasagne 110
  Polentaschnitten mit Gemüse 104

Grießschnitten mit Kirschsauce 114
Grün gestreifter Nudelauflauf 94
Grundrezept Müslimischung 48

Hackbällchen in Paprikasauce 96
Hackfleischsauce 88
Haferflockenbrei mit Banane und Pfirsich 30
Haferflockenkekse 123
Hafermüsli mit Kürbiskernen 39
Herzhafte Partypizza 66
Hexenkessel 86
Himbeeren
  Obst-Streusel-Auflauf 118
  Vanillepudding mit Himbeersauce 46
  Versunkene Himbeeren 113
Hirse
  Amaranth-Hirse-Puffer (Variante) 60
  Birnen-Hirse-Brei 35
  Hirse-Apfel-Dessert 113
  Hirseauflauf mit Erdnüssen 108
  Hirse-Birnen-Müsli 39
  Hirsebratlinge 56
  Hirsebrei mit Blumenkohl und Rind 28
  Hirsekreis 42
  Hirse-Pfirsich-Brei 33
Hühnerbrühe (Tipp) 86

Italienisches Dressing 73

Karotten-Fenchel-Gemüsebrei 25
Kartoffeln
  Brokkoli-Kartoffel-Lamm-Brei 27
  Frühkarotten-Kartoffel-Brei 24
  Hexenkessel 86
  Kartoffel-Gemüse-Lasagne 110
  Kartoffelpizza, bunte 64
  Kartoffelsalat 104
  Kartoffelschiffchen (Und dazu?) 58
  Kartoffel-Spinat-Puten-Brei 27
  Kohlrabi-Kartoffel-Püree 26
Käseersatz (Tipp) 64
Kekstaler 123
Ketchup-Senf-Dressing 72

Rezeptregister von A bis Z

Kichererbsen: Schneller Kichererbsenaufstrich 52
Kichererbsen-Pfannkuchen 62
Kidneybohnen: Räubersuppe 84
Kirschen: Grießschnitten mit Kirschsauce 114
Klößchen: Kohlrabi-Petersilien-Suppe mit Klößchen 80
Knusperkugeln 122
Kohlrabi
   Kohlrabi-Kartoffel-Püree 26
   Kohlrabi-Petersilien-Suppe mit Klößchen 80
Kokossahne: Kürbissuppe mit Kokossahne 84
Kokosdrink
   Kokossauce 90
   Rotbarsch mit Kokos-Curry-Sauce 98
Kokosdrink (Tipp) 113
4-Korn-Flocken: Banane mit 4-Korn-Flocken 36
Kraftmacher-Shake 40
Kürbis
   Kürbis-Pastinaken-Brei 25
   Kürbissuppe mit Kokossahne 84
Kürbiskerne
   Hafermüsli mit Kürbiskernen 39
   Kürbiskernaufstrich 53

Lachssalat mit Tomaten und Mais 78
Lamm: Brokkoli-Kartoffel-Lamm-Brei 27
Linsen-Paste, Rote- 53
Linsen-Suppe, Rote- 82

Mais
   Bunte Kartoffelpizza 64
   Lachssalat mit Tomaten und Mais 78
Mais-Tortillas 68
Mandeldrink (Tipp) 116
Mandel-Zitronen-Speise 116
Mango: Apfel-Mango-Mus 33
Mett: Kohlrabi-Petersilien-Suppe mit Klößchen 80
Möhren
   Apfel-Möhren-Salat 76
   Frühkarotten-Kartoffel-Brei 24
   Hexenkessel 86
   Karotten-Fenchel-Gemüsebrei 25
   Möhrensauce 91
   Zucchinisalat mit Möhren und Tomaten 76
Muntermacher-Müsli 49
Müslimischung, Grundrezept 48

Müsli-Mix für Morgenmuffel, schneller 49

Nektarinen-Shake, erfrischender 40
Nudelauflauf, grün gestreifter 94
Nudelauflauf mit Bolognese 94

Obst-Porridge 37
Obst-Streusel-Auflauf 118
Ofenschmaus 108
Orangen: Feldsalatmix mit Pinienkernen 74
Orangensaft: Paprika-Orangen-Dressing 72

Paprikaschoten
   Bunte Kartoffelpizza 64
   Hackbällchen in Paprikasauce 96
   Räubersuppe 84
Paprika-Orangen-Dressing 72
Parmesanersatz 92
Party-Eisbergsalat 74
Partypizza, herzhafte 66
Pastinaken: Kürbis-Pastinaken-Brei 25
Petersilie: Kohlrabi-Petersilien-Suppe mit Klößchen 80
Pfirsiche
   Haferflockenbrei mit Banane und Pfirsich 30
   Hirse-Pfirsich-Brei 33
   Obst-Streusel-Auflauf 118
Pinienkerne: Feldsalatmix mit Pinienkernen 74
Piratenpuffer 54
Polentaschnitten mit Gemüse 104
Pute
   Hexenkessel 86
   Kartoffel-Spinat-Puten-Brei 27
   Putenbrustfüllung 70
   Putengeschnetzeltes mit grünem Spargel 96

Quinoa-Bratlinge 60

Räubersuppe 84
Reis
   Thunfisch-Reis-Salat 78
   Reisbrei mit Apfel und Birne 45
   Reisbrei mit Aprikosen 34
   Rotes Risotto (Und dazu?) 100
Rindfleisch
   Hirsebrei mit Blumenkohl und Rind 28
   Räubersuppe 84
Rotbarsch mit Kokos-Curry-Sauce 98
Rote-Linsen-Suppe 82

Rote-Linsen-Paste 53
Rotes Risotto (Und dazu?) 100

Schneesuppe 80
Schneller Kichererbsenaufstrich 52
Schneller Müsli-Mix für Morgenmuffel 49
Schokoladenpudding Helene 116
Schokopudding (Variante) 46
Seelachs auf Fenchelgemüse 98
Senf: Ketchup-Senf-Dressing 72
Spargel, grüner: Putengeschnetzeltes mit grünem Spargel 96
Spinat
   Grün gestreifter Nudelauflauf 94
   Spinatfüllung 70
   Kartoffel-Spinat-Puten-Brei 27
Stachelbeerkaltschale 112
Süßes Blitzbrot 50

Teff
   Gartenfrüchte in Teff-Flockenbrei 37
   Teff-Abendbrei 30
Thunfisch-Burger 56
Thunfisch-Reis-Salat 78
Tomaten
   Bunte Kartoffelpizza 64
   Hackfleischsauce 88
   Kichererbsen-Pfannkuchen 62
   Lachssalat mit Tomaten und Mais 78
   Ofenschmaus 108
   Tomatensalsa 92
   Tomatensauce 88
   Zucchinisalat mit Möhren und Tomaten 76

Vanillepudding mit Himbeersauce 46
Versunkene Himbeeren 113
Vitaminmuffel-Burger 58

Weizenfreies Ciabatta 50
Wiener Würstchen: Gemüsesuppe mit Würstchen 82
Wraps 68

Zauberbrei für Hänflinge 32
Zitronengötterspeise: Mandel-Zitronen-Speise 116
Zucchini
   Bunte Kartoffelpizza 64
   Hackfleischsauce 88
   Ofenschmaus 108
   Zucchinisalat mit Möhren und Tomaten 76

Impressum

© 2011 GRÄFE UND UNZER VERLAG GmbH München.
Alle Rechte vorbehalten. Nachdruck, auch auszugsweise, sowie die Verbreitung durch Film, Funk, Fernsehen und Internet, durch fotomechanische Wiedergabe, Tonträger und Datenverarbeitungssysteme jeder Art nur mit schriftlicher Genehmigung des Verlages.

Projektleitung: Stefanie Poziombka
Lektorat: Cora Wetzstein
Korrektorat: Susanne Elbert
Umschlaggestaltung: Independent Medien Design, Horst Moser, München
Fotografie: Jörn Rynio
Produktion: Renate Hutt
Satz: Liebl Satz+Grafik, Emmering
Reproduktion: Repro Ludwig, Zell am See
Druck und Bindung: Druckhaus Kaufmann, Lahr

ISBN 978-3-8338-2313-8

1. Auflage 2011

Umwelthinweis:
Dieses Buch ist auf PEFC-zertifiziertem Papier aus nachhaltiger Waldwirtschaft gedruckt.

Jörn Rynio arbeitet als Fotograf in Hamburg. Zu seinen Auftraggebern gehören nationale und internationale Zeitschriften, Buchverlage und Werbeagenturen. Aus seinem Studio stammen alle Fotos in diesem Band. Tatkräftig unterstützt wurde er dabei von seiner Stylistin Michaela Suchy und den Foodstylistinnen Petra Speckmann und Antje Küthe.

Titelrezepte: Piratenpuffer (S. 54); Tomatensauce (S. 74)

Syndication:
www.jalag-syndication.de

Die Anregungen in diesem Buch stellen die Meinung beziehungsweise die Erfahrungen des Autors dar und wurden von ihm nach bestem Wissen und Gewissen erstellt. Sie bieten jedoch keinen Ersatz für kompetenten medizinischen Rat. Jede Leserin, jeder Leser sollte für das eigene Tun auch weiterhin selbst verantwortlich sein. Weder der Autor noch der Verlag können für eventuelle Nachteile oder Schäden, die aus den im Buch gegebenen praktischen Hinweisen resultieren, eine Haftung übernehmen.

Geschützte Warennamen (Warenzeichen) sind nicht immer gekennzeichnet. Aus der fehlenden Angabe kann nicht geschlossen werden, dass es sich um freie Warennamen handelt.

Unsere Garantie

Alle Informationen in diesem Ratgeber sind sorgfältig und gewissenhaft geprüft. Sollte dennoch einmal ein Fehler enthalten sein, schicken Sie uns das Buch mit dem entsprechenden Hinweis an unseren Leserservice zurück. Wir tauschen Ihnen den GU-Ratgeber gegen einen anderen zum gleichen oder ähnlichen Thema um.

Liebe Leserin und lieber Leser,

wir freuen uns, dass Sie sich für ein GU-Buch entschieden haben. Mit Ihrem Kauf setzen Sie auf die Qualität, Kompetenz und Aktualität unserer Ratgeber. Dafür sagen wir Danke! Wir wollen als führender Ratgeberverlag noch besser werden. Daher ist uns Ihre Meinung wichtig. Bitte senden Sie uns Ihre Anregungen, Ihre Kritik oder Ihr Lob zu unseren Büchern. Haben Sie Fragen oder benötigen Sie weiteren Rat zum Thema? Wir freuen uns auf Ihre Nachricht!

Wir sind für Sie da!
Montag – Donnerstag: 8.00 – 18.00 Uhr;
Freitag: 8.00 – 16.00 Uhr
Tel.: 0180 - 5 00 50 54*   *(0,14 €/Min. aus
Fax: 0180 - 5 01 20 54*   dem dt. Festnetz/
                               Mobilfunkpreise
E-Mail: maximal 0,42 €/Min.)
leserservice@graefe-und-unzer.de

P.S.: Wollen Sie noch mehr Aktuelles von GU wissen, dann abonnieren Sie doch unseren kostenlosen GU-Online-Newsletter und/oder unsere kostenlosen Kundenmagazine.

GRÄFE UND UNZER VERLAG
Leserservice
Postfach 86 03 13
81630 München

Ein Unternehmen der
GANSKE VERLAGSGRUPPE